Saboreando o Rio
Savoring Rio

Saboreando o Rio
Savoring Rio

texto/*text*: Mariana Daiha Vidal

fotos/*photography*: Isabel Becker

Editora Senac Rio de Janeiro – Rio de Janeiro – 2016

Saboreando o Rio © Mariana Daiha Vidal, 2016.
Direitos desta edição reservados ao Serviço Nacional de Aprendizagem Comercial – Administração Regional do Rio de Janeiro.

Vedada, nos termos da lei, a reprodução total ou parcial deste livro.

SISTEMA FECOMÉRCIO RJ
SENAC RJ

PRESIDENTE DO CONSELHO REGIONAL DO SENAC RJ
Orlando Santos Diniz

DIRETOR DE NEGÓCIOS DO SENAC RJ
Marcelo Jose Salles de Almeida

Editora Senac Rio de Janeiro
Rua Pompeu Loureiro, 45/11º andar
Copacabana – Rio de Janeiro
CEP: 22061-000 – RJ
comercial.editora@rj.senac.br
editora@rj.senac.br
www.rj.senac.br/editora

EDITORA
Karine Fajardo

PROSPECÇÃO
Emanuella Feix, Manuela Soares e Viviane Iria

PRODUÇÃO EDITORIAL
Cláudia Amorim, Jacqueline Gutierrez e Thaís Pol

COPIDESQUE
Marianna Soares

VERSÃO PARA O INGLÊS
Mariana Daiha Vidal

REVISÃO DA VERSÃO PARA O INGLÊS
Calliope Soluções Editoriais | Natalie Gerhardt

PROJETO GRÁFICO
Renata Vidal

EDITORAÇÃO ELETRÔNICA
Andréa Ayer

FOTOGRAFIAS E PRODUÇÃO
Isabel Becker

FOTOGRAFIAS DAS PÁGINAS 37, 42 e 113
Eurivaldo Bezerra

PRODUÇÃO DE ARTE (FOTOS DAS PÁGINAS 16 E 311)
Renata Gadelha

FOOD STYLIST
Mariana Daiha Vidal e Isabel Becker

IMPRESSÃO
Coan Indústria Gráfica Ltda.

1ª edição: março de 2016

CIP-BRASIL. CATALOGAÇÃO NA PUBLICAÇÃO
SINDICATO NACIONAL DOS EDITORES DE LIVROS, RJ

V692s
    Vidal, Mariana Daiha
        Saboreando o Rio/Mariana Daiha Vidal; fotos de Isabel Becker. – 1. ed. – Rio de Janeiro: Ed. Senac Rio de Janeiro, 2016.
    312 p.; 23 cm
    Inclui índice
    ISBN 978-85-7756-329-6
    1. Gastronomia. 2. Culinária - Receitas. I. Becker, Isabel. II. Título.

15-30455   CDD: 641.5
                                                       CDU: 641.5

Para Bia, Tita e Rodrigo, que preenchem diariamente a minha alma, que perambula por esta cidade, com todo esse amor. ♥♥♥

"Saudade é um pouco como fome. Só passa quando se come a presença. Mas, às vezes, a saudade é tão profunda que a presença é pouco: quer-se absorver a outra pessoa toda. Essa vontade de ser o outro para uma unificação inteira é um dos sentimentos mais urgentes que se tem na vida."
(Clarice Lispector, *Jornal do Brasil*, 1968)

⟵—————————————————⟶

Sumário

Prefácio ♥ 13

Agradecimentos ♥ 14

Introdução ♥ 17

As quatro estações ♥ 22

Rio de bicicleta ♥ 28

O bretão carioca ♥ 36

O curry da memória ♥ 44

A Urca gringa ♥ 50

Arte ♥ 60

A esta altura ♥ 66

Notícias daqui ♥ 76

No Leme elegantérrimo ♥ 82

Ipanema ♥ 90

Natal no Cosme Velho ♥ 96

Uma vitória a cada esquina ♥ 104

De All Star por aí ♥ 112

Ferrugem no azul ♥ 118

No calor desta cidade ♥ 126

Passa-se ponto no Leblon ♥ 134

No baile do botequim carioca ♥ 142

Carnívora, de carne, osso e alma ♥ 148

Do crepe para o altar ♥ 154

Raízes na praia ♥ 162

Na Serra ♥ 170

Colorindo as calçadas ♥ 178

Junho ♥ 186

Segundo domingo de agosto ♥ 192

Chuva no Rio ♥ 202

A mulher carioca em casa ♥ 210

Liberdade, leveza e serenidade ♥ 218

Velha assim um dia vou ser ♥ 228

Sobe para Santa Teresa ♥ 234

Casa de mulheres ♥ 242

Enfim, com asas ♥ 248

Índice de receitas ♥ 254

English translation ♥ 256

Prefácio

Minha amiga Mariana tem um compromisso com a sinceridade. A maneira dinâmica como ela passeia pelos sentimentos e pensamentos me encanta.

Lembro-me bem de quando a conheci alguns anos atrás, de suas vestes sérias e elegantes, sempre com ar requintado. Ela explicava para si mesma, e para a gente também, os reais motivos de exercer a profissão que a acompanhava desde sempre. A verdade é que a Mari estava desencantada. Eu dormia em sua casa direto. Ela me deu pouso e carinho, e isso me fez perceber que todas aquelas explicações eram uma preparação para um novo voo, uma nova paixão, uma despedida.

Nascia ali uma vontade incontrolável de viver da mágica de alimentar. Claro que tirei uma multiplicidade de proveitos dessa nova amiga, que reinventava, em minha presença admiradora, seu modo de lidar com os dias e as noites.

Quando cheguei ao Rio de Janeiro, a intenção era passar uma pequena temporada veraneia, mas o acaso ampliou esse período e o transformou em uma bela morada de oito anos. Ao longo de todo esse tempo, Mari me mostrou o Rio e suas características, apresentando-me pessoas, bares, restaurantes e sua personalidade (carioquíssima, a meu ver).

Mariana continua requintada e elegante. No entanto, sua farda é outra, e, o mais importante: vejo sua felicidade espelhada nas paredes de sua casa, nos aromas de suas panelas, na beleza de suas filhas, no carinho com seu amor. Mariana é sincera. E eu sinceramente gosto muito dela assim.

Maria Gadú

Agradecimentos

Às queridas amigas da Editora Senac Rio de Janeiro, Karine Fajardo, Viviane Iria, Manuela Soares, Cláudia Amorim, Jacqueline Gutierrez e Thaís Pol, à revisora Marianna Soares e à diagramadora Andréa Ayer, que deram asas a este projeto.

Ao Marcelo Goyanes, que estendeu a mão que me levou à Editora.

À minha sócia Anna Elisa de Castro, parceira de tantas.

Ao meu ex-sócio Nelson Fonseca, por um incentivo sempre no sorriso.

À Ingrid Louro — um brinde às certezas e às incertezas da vida.

Ao André Santos, à Veronica Oliveira, à Veruskha Monteiro, ao Jorge Macieira, ao Léo Freitas, à Vera Santos e a todos os funcionários e colaboradores do bufê 3 Na Cozinha. Vocês são uma eterna fonte de aprendizado; isso move o mundo, mas, principalmente, nossa vida na cozinha.

Ao mestre Pierre Landry.

Ao Eurivaldo Bezerra, cuja generosidade possibilitou trazer para este livro alguns registros inusitados.

À Aurilene dos Anjos, amiga amada. Você é para sempre.

À Fernanda Fehring, que me encheu de amor com suas flores.

À Renata Gadelha, pelo auxílio artístico luxuoso.

À Beatrice Mason — inglês confiabilíssimo, amiga mais ainda.

À Anna Paula Costa e Silva e ao Luiz de Luca.

À Natalie Gerhardt, pela revisão da versão dos textos para o inglês.

À Teresa Hermanny, à Celina Ozório e à Mariana Medeiros, irmãs desta vida e provavelmente de muitas outras.

Ao Denison Caldeiron, que sempre pensando tão junto, como se pensasse dentro de mim, me deu a ideia de escrever em dois idiomas.

À Domingas, à Luiza, à Bebel e ao Chico Mascarenhas, e a toda a família do Guimas; à Bia e à Lucia Hertz, pelo Celeiro de tantas ideias; ao Marcos Gasparian, à Laura Gasparian e a toda a turma da Livraria Argumento; ao querido Otávio, do Antiquarius, por tanta delicadeza; e ao sr. Narciso Rocha, ao sr. Manuel e à Isabel, do Jobi. Aos amigos da Costa Costa Pescados (na Cobal do Leblon).

‹ Agradecimentos ›

À Lucia Guimarães, do Chef Estrela, pelos lindos aventais e pelo carinho de sempre.

Às amigas queridas da Mixed, Dany Chady, Michele Curvello e Lucia Silveira.

À Besi, pelas lindas louças.

À Tutto per La Casa, em especial à Jandira e à Marcela Birman.

À minha sogra e ao meu sogro, Monica e Homero Baratta, por me empurrarem ainda mais para dentro da cozinha no sítio.

Ao meu sogro, Oswaldo Cruz Vidal, para quem eu tive a honra de enviar este livro antes de sua partida. Suas palavras de incentivo quanto a tudo o que experimentou, desde o começo do meu casamento, foram dando forma a esse sonho. Obrigada por ter lido, ter contado histórias e por ter me dado o nome Vidal. Tenho muito orgulho de fazer parte dessa família.

À Carla Daiha, Tereza Barretto, Maria Amélia Barretto, Luciana Junqueira, Ludmila Campos, Carolina Chagas, Anna Ratto, Maria Gadú, Ana Carolina, Fabiane Pereira, Martha Moesch, Renata Gebara, Maria, Luiza e Dudu, Rosane Felix, ao seu Átila, Caíca, a todos os meus amigos e clientes amados do bufê 3 Na Cozinha, e a todos que, de um modo ou de outro, me permitiram sonhar esse tanto.

À Renata Vidal, cunhada-irmã, por visualizar comigo este sonho por entre essas páginas do jeito que eu queria. Se ainda não disse, sou sua fã.

À Isabel Becker, minha parceira nesta obra. O amor que você colocou nessas páginas transbordou e me empurrou para a frente nos momentos de bloqueio, de dúvidas e de cansaço.

À minha mãe, Gloria Daiha, ao meu pai, Antonio Daiha, sempre no coração, e ao meu irmão Antonio Cesar Daiha, que viram as primeiras tortas na geladeira.

Ao Rodrigo Vidal, meu amor, primeiro leitor e editor. À Beatriz e à Cecília Vidal.

Introdução

Em 2009, diante dos efeitos de uma crise econômica internacional, acontecimentos inesperados arremessaram aos ares alguns dos meus pilares mais sóbrios e bem sedimentados e cutucaram certezas que até então reinavam soberanas. Sempre fui assim: trabalho não se contesta, se entrega, daí essa minha dificuldade de repensar essa faceta da vida que tinha me erguido a patamares em que eu me sentia tão segura. Blindada por contracheques típicos dos cidadãos bem-sucedidos, roupas de alfaiataria, carros de boa qualidade e babás sempre ao redor para cuidar de minhas filhas, eu estava ancorada e impedida de repensar o básico. Não havia como contestar nem interromper o que os outros consideravam o seu sucesso.

Só que aí, então, a vida veio e categoricamente estabeleceu o que eu não queria compreender: "Quem controla essa orgia aqui sou eu, e, se você não vai se lançar, eu vou te empurrar em 3, 2, 1..." Daí em diante, ocorreu uma sucessão de fatos, e, com a alavanca oportuna do Universo, sucedeu-se, enfim, meu arremesso. Tinha comigo poucas armas, mas percebi que, quando a vida nos joga, é porque ela vai nos fazer voar e já está tudo arranjado — não há muitas escolhas. No meu caso, cozinhar não era uma escolha, era uma vocação, uma exigência dos que me cercavam, a única alternativa viável.

O que eu tinha parecia pouco, mas foi mais que suficiente. Tinha o patrimônio de alguém razoavelmente ajuizada ao longo de 17 anos de carreira, o abraço e o consolo da minha mãe, do meu irmão e de uma tia paterna, as finanças de um amigo que dizia estar "fazendo um investimento em mim", um verdadeiro exército de amigos dispostos a tudo, um marido que me amava, filhas que eu não podia decepcionar e, por fim, o que não era pouco, uma cidade linda como cenário e cheia de pessoas generosas morando nela, as quais me permitiram entrar em suas casas para cozinhar o que eu sabia.

‹ Saboreando o Rio ›

Percebi ali que eu provavelmente devia ter sido boa e decente até com pessoas que eu conhecia vagamente, porque num piscar de olhos comecei a ser abordada por quem eu achava que o santo nem cruzava tanto assim com o meu. Elas me ligavam, me contratavam, me prestigiavam. Isso me deu fôlego e serviu como antídoto para qualquer espírito derrotista. Sei quem é cada uma dessas pessoas e nunca vou esquecê-las. Entendi que o bem existia mesmo, como lá no fundo eu sempre acreditei, e que o meu copo, que andava meio lá meio cá, ficaria a partir dali, para sempre e definitivamente, meio cheio.

Como advogada, me habituei a escrever diariamente em inglês e em português, e isso foi uma das coisas de que mais senti falta no começo da minha vida na cozinha. Resolvi, então, juntar escrita com cozinha em um blog despretensioso chamado Saboreando Histórias, que foi o caminho para eu chegar aqui. Neste livro, a cidade surge como cenário de uma vida por vezes atribulada, com os malabarismos que só quem tem um bufê entende, ou, por vezes, bucólica, porque quem é carioca não consegue parar de suspirar, mas todas as vezes, certamente, como o cenário de uma vida muito festiva.

O Rio de Janeiro de que falo não é o Rio característico. É a cidade que compilou os sentidos e as memórias da minha vida. Esse tampouco é um livro de comidas típicas ou pratos acessíveis a todos que vierem à cidade, mas ao segmento ao qual pertenço afetiva, geográfica e culturalmente. Em um Rio de muitas escolhas, eu optei por admirar e saborear o encanto dessa cidade que fervilha. Entre o mar e a montanha, na vida pulsante da praia, dos bares, das festas, dos que suam suas camisas e desgastam seus tênis ao ar livre, eu cresci experimentando, tentando fazer sentido e encontrar sabor nas misturas das muitas influências do que somos.

Tudo que eu faço vem de algum lugar na minha memória. Sempre interpretei o que gostava de saborear, às vezes usando técnicas conhecidas, que me levassem àquilo que eu queria fazer, às vezes trazendo à tona nas

< Introdução >

minhas tentativas algo que já fazia parte das técnicas gastronômicas, mas que eu ainda não conhecia. Cada restaurante por onde passei me inspirou de algum jeito, fosse para me instigar a fazer a minha versão, fosse para encontrar a receita e executá-la como o chef a concebeu, já remotamente em um tempo em que era incomum se referir a um cozinheiro apenas como chef. Portanto, quando as histórias deste livro se reportarem a um ou a outro estabelecimento, não pretenda encontrar as receitas propriamente ditas. Só será possível encontrar a minha interpretação de cada uma delas, reconstruídas pela minha memória. Sabe-se que dentro do Brasil cabe uma Europa inteira. Na contramão da nova gastronomia que admiro e respeito, ouso dizer que da minha memória não faz parte o tucupi, o bacuri ou o cupuaçu, e por isso só entraram os itens que se podia saborear em um restaurante carioca na época da minha infância.

Nasci em 1972, e não tenho assim a vivência de alguém que conheceu a gastronomia desta cidade há 80 anos. Mas, justamente por perceber o quanto tudo mudou de lá para cá, e o quanto revisitar tudo isso é gostoso, este livro é um meio de passear pelos meus próprios pontos de partida, que muito provavelmente farão parte da história de outros cariocas. Ao longo do texto, compartilho algumas de minhas memórias do Rio na tentativa de remeter informações sobre o passado. Tentei também associar cada história a um, ou uns, dos pratos dos restaurantes que cito, mas procurei não me prender à retidão das receitas e preferi acrescentar elementos, como a laranja que acrescentei à musse da Casa da Suíça, apenas pelo fato de que amo chocolate com laranja.

Por sugestão de um amigo que mora na Alemanha, e por acreditar que o Rio de Janeiro recebe estrangeiros reincidentes que se consideram locais e desfrutam parte do roteiro deste livro com frequência, resolvi escrevê-lo em português e inglês. Eu me envaideço com a possibilidade de vê-los levar para suas casas não apenas um pouco da gastronomia corriqueira da cidade mas também as histórias, ideias e paranoias de uma pessoa comum, que busca harmonia na vida profissional, musical, bucólica, caótica, festiva e quase provinciana desta cidade.

‹ Introdução ›

Mesmo havendo no mundo outras cidades que me emocionam, onde eu me sinto acolhida, nenhum outro lugar me permite lembrar tanto, porque neste lugar estão as minhas verdadeiras raízes. Espero que, ao ler este livro, de alguma forma estejam presentes também as suas memórias, e isso o permita reviver um pouco. Reviver é revigorante e capaz de fazê-lo lembrar quem você é de verdade. Eu percebo que é justamente quando, numa tarde assim de quarta-feira, ao descer da Gávea, eu cruzo o início do Leblon, a maresia me invade e me lembra: "Esta é a sua praia." Que os aromas das páginas a seguir o envolvam e o permitam recordar uma parte de quem você é.

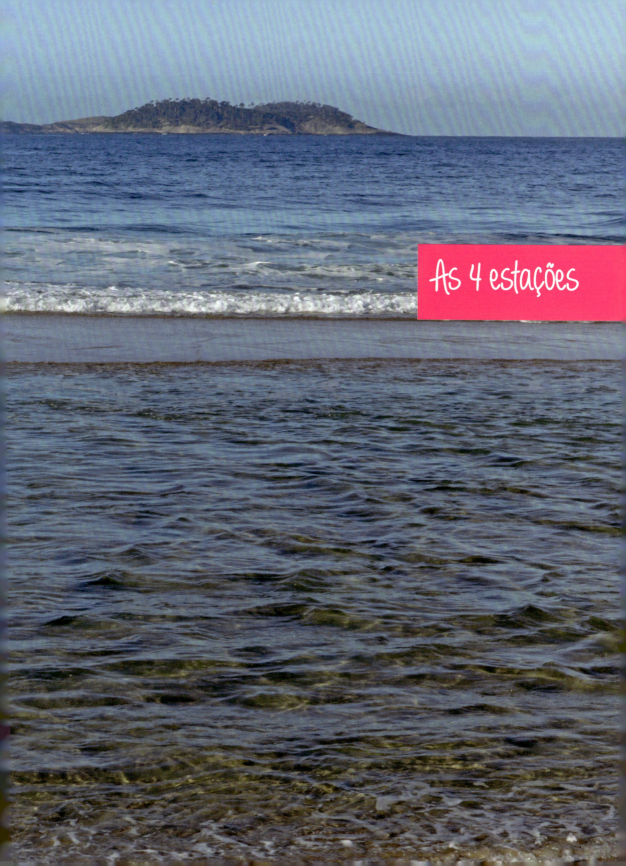

< Saboreando o Rio >

Quando o outono entrava pelas ruas mais calmas no Arpoador e levava todo mundo para dentro de casa, estávamos sendo felizes. Foi preciso sempre nos reinventar, porque, apesar do sol delicioso do início de maio, a fadiga da rotina de praia já começava a dar seus sinais. Alguém dizia que aquele havia sido o verão disso, o verão daquilo, inobstante o fato de que todo verão era igual. Mudavam-se os drinques, os aperitivos e os bares, mas todo ano a inquietação de festejar e de se misturar nos lugares onde todos estavam sob as noites estreladas se repetia.

Assim, o outono pouco marcado desta cidade afagava os nossos olhos quando nos sentávamos nas cadeiras do Azul Marinho. Repensávamos tudo sob uma luz mais nítida e víamos mais bem delineadas as questões que tínhamos. Nesses dias, levávamos nossos projetos até o bairro de Santa Teresa ou para a feira da Rua do Lavradio, no primeiro sábado do mês.

No inverno, quando chegava a época de olhar para dentro ou para a frente, o Aprazível aprazia mais, e nós nos apoderávamos da cidade, vendo-a de cima. A emblemática caça no prato evidenciava uma glória que queríamos também conquistar para nós, instigando o desafio, sempre atrás do futuro, mas ali, também, estávamos sendo felizes.

Ano a ano, vinha a primavera, e até a natureza comprovava: se plantássemos, as flores brotariam. Passávamos o ano, e assim a vida toda, querendo o que não tínhamos, e sempre querendo mais. Só que exatamente ali, quando a segunda-feira era o ícone do pior da rotina, é que, sem que nos déssemos conta, estávamos sendo ainda mais felizes.

Em dezembro, com a proximidade do fim do ano, começávamos a sentir, pelas comemorações dos reencontros e dos recomeços, que tudo estava na verdade se

< As 4 estações >

reiniciando, e isso nos dava fôlego. Longe da brisa
elegante que nos continha, o calor e a luz brilhante
nos deixavam eufóricos, e, sem qualquer causa aparente,
mas simplesmente porque havia uma nova chance à frente,
abraçávamos mais os nossos amigos e batíamos todos
os recordes de consumo de alimentos e bebidas. O sol
nos deixava mais belos, e sabíamos que, em algum dia
de semana de uma manhã de dezembro, teríamos de ir à
praia, alheios ao calendário. A cada novo dia, ouvíamos
as cigarras cantarem até se estourarem na mata, e
o equilíbrio da natureza que invadia o nosso quarto
religiosamente àquela época do ano lembrava que a vida
era um ciclo. Assim se passaram muitos dias 31 de
dezembro, e, todos os anos, segurando a barra da saia,
eu sentia baterem nas minhas pernas sete ondas do mar.
Depois, eu jogava com aquelas flores alguns dos meus
mais urgentes desejos. E, só hoje, após termos feito
isso juntos repetidamente, por tantos anos, percebo
o quão simples era cada um daqueles desejos e que,
justamente ali, estávamos sendo mesmo tão felizes...

< As 4 estações >

Terrine rústica de coelho
com mostarda e ervas

(Esta não é a receita do restaurante Aprazível, mas, se você gosta da terrine de pato servida lá, provavelmente vai gostar da minha interpretação.)

....

RENDIMENTO: 1 TERRINA GRANDE

1,5 KG DE CARNE DE COELHO ♥ 200 G DE BACON ♥ 2 CENOURAS ♥ 1 CEBOLA ♥ 3 DENTES DE ALHO ♥ 1 BOUQUET GARNI FEITO COM: UMA FOLHA DE LOURO, UM GALHO DE SALSA, 10 GRÃOS DE PIMENTA-DO-REINO, UM GALHO DE TOMILHO, UM GALHO DE ALECRIM – AMARRADOS DENTRO DE UM RETALHO DE ORGANZA OU DE UM SACO DE TECIDO DE TELA QUE NÃO SOLTE FIAPOS ♥ 1 ½ A 2 COLHERES (SOPA) DE SAL ♥ 1 L DE ÁGUA ♥ 300 ML DE VINHO BRANCO ♥ 100 ML DE CONHAQUE ♥ 3 COLHERES (SOPA) DE MOSTARDA À L'ANCIENNE (EM GRÃOS) ♥ 1 RAMO DE SALSA, PICADO BEM FININHO (SEM TALOS) ♥ ½ COLHER (SOPA) DE GELATINA SEM SABOR

> **Preparo:**

1. Corte a carne de coelho em pedaços e divida o bacon em quatro. Descasque e corte as cenouras e a cebola em cubos, e amasse o alho.

2. Coloque a carne de coelho, o bacon, as cenouras, a cebola e o alho em uma panela grande. Adicione o bouquet garni e um pouco de sal. Acrescente a água, o vinho e ferva, em fogo brando. Deixe cozinhar por 30 minutos.

3. Adicione o conhaque e cozinhe por aproximadamente 30 ou 40 minutos, ou até que a carne se solte com facilidade dos ossos.

4. Retire a carne e desosse-a. Corte-a em pedaços pequenos, ou processe-a, e reserve.

5. Filtre o caldo do cozimento, retirando e desprezando os sólidos. Leve o caldo ao fogo brando e deixe reduzir à metade. Acrescente a carne de coelho, a mostarda e a salsa.

6. Use ½ copo d'água para dissolver ½ colher (sopa) de gelatina sem sabor. Misture a gelatina dissolvida com a carne.

7. Coloque tudo em uma terrina e leve à geladeira por aproximadamente 24 horas.

Rio de bicicleta

< Rio de bicicleta >

Na embalada da descida até o Jardim Botânico, o Morro Dois Irmãos vai ficando para trás. Curvas e mais curvas, pedalada após pedalada, eis o milagre da Vista Chinesa quando, lá de cima, quem foi capaz acredita que pode tudo. A descida é um prêmio. Precisa-se de pouco esforço para cruzar até a praia e pronto: os narizes já sentem todos os cheiros, do orégano do queijo coalho ao dendê do acarajé. Todos os sentidos desfrutam a maresia, os diversos tipos de fumaça ali presentes e a sorte daquele vento no rosto. Vai dar tempo de pegar o fim de tarde no murinho do Bar Urca. Diante das estrelas do céu, só mesmo fazendo uma prece para agradecer pela minha respiração, pelas minhas pernas e pelo meu nariz, e, sobretudo, pela visão mágica do pôr do sol abraçando os barcos na Praia da Urca. Observar faz parte do mundo de quem explora o Rio de bicicleta. Vou passando por uma cidade em festa, amanhecendo a cada imagem, batendo palmas, ouvindo música, levando a vida. Uma cidade em que se anda ou corre, terapeuticamente, para resolver problemas. Uma cidade em que, como nenhuma outra, se faz parte do ambiente que se reinventa dia após dia, com a população fora de casa, respirando ao ar livre. Acalentando-nos com o que vemos, somos capazes de perdoar o mal que se faz a ela, como se sua estética a deixasse imune a tudo de ruim, e a tudo que, apesar da beleza, ela nos faz sofrer. Toda noite, quando apago as luzes da minha casa, rezo para Deus nos proteger. Rezo contra os erros, o abandono e a demolição. Rezo pelo zelo a tudo que vejo e que embala a todos que, como eu, ao pedalar por aí, atropelam seus problemas, ganham fôlego e seguem observando tudo ao redor.

< Rio de bicicleta >

Queijo coalho grelhado
com pesto de azeitona roxa

RENDIMENTO: SERVE 4 PESSOAS
100 G DE AZEITONAS ROXAS DESCAROÇADAS ♥ 3 COLHERES (SOPA) DE AZEITE DE OLIVA ♥ ½ COLHER (CHÁ) DE ORÉGANO FRESCO ♥ 300 G DE QUEIJO COALHO (DE PREFERÊNCIA, COM POUCO SAL)

> Preparo:

1. Bata as azeitonas no liquidificador ou no processador com 2 colheres (sopa) de azeite e o orégano fresco. Reserve.

2. Corte o queijo coalho em cubos de 2 cm. Use uma grelha ou frigideira para grelhar cada um dos pedaços em ambos os lados com 1 colher (sopa) de azeite.

3. Cubra cada pedacinho de queijo coalho com um pouco do pesto de azeitona e sirva em travessas, usando palitinhos.

Dica:
Essa receita é deliciosa para ser degustada com uma cervejinha ou caipirinha, pois é mais salgadinha. Se você não aprecia tanto os pratos mais salgados, uma boa sugestão é substituir o pesto de azeitona por pinceladas de mel no queijo.

O bretão carioca

‹ Saboreando o Rio ›

Tudo começou assim: depois de muitas festas boas no currículo, fiz um estágio informal no sítio da nossa família para enfrentar panelas maiores e mais toscas. Várias tentativas depois, ainda havia muito o que errar. Não sabia o quanto faltava para chegar lá, mas sabia que estava exatamente bem longe de onde queria estar. Um dia ele apareceu. Se eu já estava distante do que almejava, ao vê-lo cozinhar, vi também minhas chances ainda mais remotas. Só que sou do signo de Escorpião, e desistir é uma palavra que não figura no meu glossário. Queria aprender o que desse, ainda que não conseguisse amolar facas ou cortar cebolas como ele. Eu precisava perseguir aquela criatura e roubar-lhe tudo o que pudesse, porque, na pior das hipóteses, o "não" já estava garantido. Eu realmente nunca estive nem aí para quem era o chef do momento. O que me importa é a intensidade com que cada prato me emociona. Nunca liguei para a base da cozinha, tendência, essas coisas. Eu gosto do que eu gosto, sei bem o que é, e ali mesmo soube: era ele o meu chef. Por mais carioca que fosse aquele pisciano-flamenguista que torcia pela Mocidade Independente de Padre Miguel, ele era bretão, e isso se revelaria logo. "*Marriana*, essas batatas horríveis você ganhou, né? *Alors*, pode devolver!" "*Marriana, parra* de falar, limpa sua *place* e corta esse cogumelo *agorrrrra*, ouviu?" Foram muitas broncas, algumas impublicáveis, que se alternaram com afagos no ego da outra cozinheira, Verônica. Seriam só para me destruir? Não. Aprendi que só se implica com quem se gosta, e o jeito dele de gostar era assim. Meu marido disse até que ia pedir para ele um curso, para aprender a me dar broncas, porque nunca havia me visto tão reverente. Se prescindir da lembrança das sessões de tortura foi uma defesa conveniente, as aulas superaram qualquer expectativa que eu pudesse ter. O amor daquele homem pela gastronomia é extraordinário, e, assim, ensinar é algo que transborda dele com fluência. Não se trata de uma possibilidade acessível para todas as pessoas porque, para estar ali, é preciso também amar o que se faz e confiar nele.

< O bretão carioca >

De forma muito perspicaz, um francês conhecido nosso me disse uma vez, quando eu ria contando das broncas que levava: "*Ah, Pierre, toujours en essayant de cacher ce grand coeur.*" Só que, mesmo com ele tentando esconder, eu encontrei o coração dele. E é realmente grande.

Adiante, peço licença para transcrever a receita que esse grande chef criou para o Le Saint Honoré. O restaurante, que foi o berço mais delicioso da gastronomia francesa no Rio de Janeiro, ficava no 37º andar do antigo hotel Le Méridien Rio, funcionou por trinta anos e fechou em 2007.

< O bretão carioca >

Carpaccio de cavaquinha
com manga e vinagrete de dedo-de-moça

por Pierre Landry

RENDIMENTO: SERVE 8 PESSOAS

4 CAVAQUINHAS SEM CASCAS, CONGELADAS E ENVOLTAS EM FILME DE PLÁSTICO ♥ 2 MANGAS PALMER (QUE NÃO ESTEJAM EXCESSIVAMENTE MADURAS, PARA NÃO PREJUDICAR O CORTE) ♥ ½ XÍCARA (CHÁ) DE AZEITE DE OLIVA ♥ SUCO DE 2 LIMÕES VERDES ♥ 1 PIMENTA DEDO-DE-MOÇA

> Preparo:

1. Remova o filme de plástico e corte as cavaquinhas em lâminas extremamente finas. Tente obter um formato que seja possível também com as mangas, pois isso facilitará a montagem do prato.

2. Corte as mangas em lâminas finas da mesma forma.

3. Monte os pratos alternando as fatias de cavaquinha com as de manga (aproximadamente 5 de cada uma por prato)

4. Prepare o vinagrete misturando o azeite e o suco de limão e mexendo bastante.

5. Corte a pimenta dedo-de-moça no sentido do comprimento, retire as sementes e pique-a em cubinhos mínimos a serem adicionados ao vinagrete.

6. Coloque o vinagrete por cima de cada prato e sirva.

Tem que ficar chique!

O curry da memória

< Saboreando o Rio >

Na cozinha faço sempre assim: começo com algum ingrediente disponível que dê personalidade ao prato. Depois, penso no jeito que eu mais gosto dele — se assado, cozido, cru, selado, marinado ou refogado. Adiante, imagino como esse ingrediente se relaciona com outros dos quais eu gosto. Por exemplo: amo chocolate com cítricos (carambola, laranja, tangerina ou damasco), com café ou com creme de pistaches. Amo, ainda, chocolate com gemas e com claras. Azeitona com manjericão, tomates com tomilho, porco com alecrim, cordeiro com hortelã, e com coalhada e com lentilhas também! Carnes com vinho tinto, vinho branco, vinho do Porto, cerveja ou cachaça. Manteiga com quase tudo, mas principalmente para se jogar a cebola na frigideira e subir aquele cheiro pela cozinha... Depois eu penso nas cores, pois a essa altura o que eu quero comer já está definido, e tudo que eu preciso é ter um prato colorido e vivo. Por fim, e não menos importante, eu penso na textura, que é o arremate fundamental. Um alento inspirador, que pode fazer o prato virar a mesa. Camarão e leite de coco é uma mistura cremosa com frescor. Se acrescentarmos capim-limão e gengibre, aí vamos para o Oriente. Já se colocarmos azeite de dendê, pimentões amarelos e vermelhos, vamos ali, só até a Bahia. Qualquer um pode brincar com isso. Mas tem regra, e é a seguinte: tudo precisa remeter a algo bom, uma história boa, um colo, uma paisagem ou uma memória de algum dia à mesa, algo que emocione. E, muito importante: na gastronomia, como na música, na vida e em tudo, é preciso ética. Nenhum alimento pode roubar o sabor do prato. Por exemplo, eu falei em pimentões vermelhos ou amarelos, porque o pimentão verde tira o sabor de todos os pratos e, além disso, você passa o dia todo se lembrando dele. Não é justo.

< O curry da memória >

Camarão com curry é um clássico. Lembro que meu primeiro contato com o curry foi na infância, no Gordon, uma lanchonete no Baixo Leblon, onde meu pai me colocava sentada no balcão para comer um sanduíche chamado "Diabólico". Mais tarde, na adolescência, eu ia à praia, e, antes de voltar para casa, eu e a Mari, minha amiga, comíamos na Barraca do Pepê um sanduíche de frango ao curry com alfafa. E depois uma amiga indiana me ensinou a receita de camarões ao curry a seguir, na qual fiz algumas adaptações. Toda vez que eu a faço vem o cheiro do Gordon, da Barraca do Pepê e da casa da minha amiga indiana. É que, a cada punhado de curry polvilhado, cenas do passado repousam adjacentes a esta cozinheira sentimental, cujos olhos marejados, com ou sem cebola cortada, apontam para uma ausência.

< O curry da memória >

Camarões ao curry com maçãs e amêndoas

....

RENDIMENTO: SERVE 6 PESSOAS

1 CEBOLA GRANDE PICADA BEM FININHA ♥ 2 COLHERES (SOPA) DE AZEITE DE OLIVA ♥ 3 MAÇÃS (VERMELHAS) DESCASCADAS E PICADAS EM CUBOS DE 2 CM ♥ 300 ML DE CREME DE LEITE FRESCO ♥ 1 A 2 COLHERES (SOPA) CHEIAS DE CURRY EM PÓ ♥ SAL E PIMENTA-DO-REINO A GOSTO ♥ 1 KG DE CAMARÕES GRANDES LIMPOS, TEMPERADOS COM SAL E PIMENTA-DO-REINO ♥ 100 G DE AMÊNDOAS FILETADAS ♥ ½ COLHER (SOPA) DE MANTEIGA ♥ CEBOLINHA FINA PICADA

> Preparo:

1. Em uma panela média, doure a cebola picada em 1 colher (sopa) de azeite e, quando estiver douradinha, adicione as maçãs. Deixe-as cozinharem por aproximadamente 5 minutos.

2. Adicione o creme de leite com 1 ou 2 colheres (sopa) de curry bem cheia. (Lembre-se de que a quantidade de curry varia em razão do gosto e do próprio curry, que pode ser mais forte ou mais fraco.)

3. Ajuste o sal e adicione pimenta-do-reino, se desejar. Deixe o creme esquentar um pouco, mas evite que ferva, para não talhar.

4. Sele os camarões, em fogo alto, em uma frigideira ou um wok com 1 colher (sopa) de azeite. Junte os camarões com o molho de curry e deixe-os terminar de cozinhar ligeiramente, para que continuem *al dente*.

5. Doure as amêndoas em outra frigideira com a manteiga e polvilhe sal. *cuidado: queimam muito rápido!*

6. Na hora de servir, jogue as amêndoas douradas e a cebolinha picada por cima dos camarões ao curry. Sirva com arroz branco.

A Urca gringa

‹ Saboreando o Rio ›

O apartamento térreo do prédio cercado por muros baixos poderia perfeitamente se passar por uma casa. E era lá onde o casal vivia com suas duas filhas e passava a maior parte do tempo nos feriados. Naquela casa lia-se um livro atrás do outro e cozinhava-se mais que qualquer outra coisa. É que eles acreditavam que o jantar era o ponto alto do dia, todos os dias. Esperava-se o jantar como "ordenado" do dia, o espaço para um interrogatório desejado para discutir percepções sobre as respectivas vidas. Estar com seus pais é tudo o que uma criança procura. A mãe cozinhava sempre ouvindo música, pois acreditava que esse era o momento em que melhor podia apreciar melodia, harmonia, aroma, sabor e letra. A verdade é que tudo ali girava em torno do jantar. Ir à feira de manhã sempre proporcionava conhecer novas pessoas. Comprar o pão fresco no fim da tarde — essencial — era a desculpa para mandar uma das meninas à rua, ensaiando os passos da independência. Regar as ervas, colher as que seriam usadas, separar a louça, comprar flores, gelar o vinho, tudo era feito como se todo dia fosse uma festa. Só que ali os convidados eram os próprios donos, que devotavam a si toda a gentileza com que também recebiam alguém especial. E, assim, conversavam com as filhas, apresentavam-lhes novas iguarias, ensinavam-lhes como os pratos eram preparados, surpreendiam-lhes sempre com algo. O almoço não era assim como o jantar, pois normalmente estavam ocupados, as meninas estavam na escola, e, por isso, comia-se o que sobrasse do jantar. Havendo ou não convidados, a mesa estava sempre linda. A família gringa da Urca, que eu conheci há alguns anos, provocou uma inversão de alguns dos meus valores. Entendi que o verdadeiro sucesso é poder dedicar duas horas do seu dia para preparar aquilo que você e a sua família vão comer. Prosperidade é ter algo novo, criativo e delicioso na mesa diariamente. Alegria é ouvir o leve tumulto das minhas filhas, eufóricas, contando as experiências dos seus dias, intercalando-se para falar e serem ouvidas às refeições. Felicidade é vê-las imitarem todos os nossos gestos à

< A Urca gringa >

mesa e se comportarem com desenvoltura e elegância. E o amor, essa coisa pulsante e genuína que uma mãe sente, em torno de uma mesa, diariamente, quando percebe que tudo o que importa no mundo está dentro daquela casa.

Você pode achar que estabelecer uma rotina assim é impensável. Não é. Basta se organizar e priorizar o compromisso de se ter um jantar com os filhos à mesa todos os dias. É só começar com pratos simples, de um ou dois itens apenas, como as receitas que eu passo a seguir, ou pratos que permitam adiantar uma parte e deixar outra no forno enquanto se toma banho, se arruma a mesa ou se ajuda os filhos nos deveres da escola.

< Saboreando o Rio >

Sopa de couve-flor

RENDIMENTO: SERVE 6 PESSOAS

100 G DE MANTEIGA COM SAL ❦ 1 CEBOLA MÉDIA, CORTADA EM CUBOS ❦ 1 ½ L DE ÁGUA ❦ 1 COUVE-FLOR GRANDE, OU DUAS PEQUENAS, CORTADAS EM RAMINHOS OU PEDAÇOS DE APROXIMADAMENTE 5 CM ❦ 2 COLHERES (SOPA) DE CREME DE LEITE FRESCO ❦ NOZ-MOSCADA, PIMENTA-DO-REINO E SAL A GOSTO ❦ 1 PUNHADO DE SALSA PICADA

> Preparo:

1. Em uma panela média, derreta a manteiga. Adicione a cebola e deixe-a dourar.

2. Acrescente a couve-flor e tampe a panela por alguns minutos para que a couve-flor "murche" um pouco. Mexa com uma colher de pau, para pegar o gosto da cebola dourada.

3. Adicione toda a água ou até que cubra a couve-flor na panela. Deixe cozinhar por aproximadamente 20 minutos. Retire do fogo quando a couve-flor estiver molinha, já cozida, e deixe esfriar.

4. Bata tudo no liquidificador e acrescente o creme de leite.

5. Tempere com noz-moscada, pimenta-do-reino e sal a gosto. Se não estiver com consistência (sopa), acrescente mais água.

6. Ferva-a novamente antes de servir e, se desejar, decore com salsinha picada para colorir o prato.

< A Urca gringa >

Suflê de emmental
com aspargos frescos

RENDIMENTO: COMO PRATO PRINCIPAL, SERVE 6 PESSOAS

¼ DE XÍCARA (CHÁ) DE MANTEIGA ♥ ¼ DE XÍCARA (CHÁ) DE FARINHA DE TRIGO ♥ 1 ½ XÍCARA (CHÁ) DE LEITE ♥ 2 XÍCARAS (CHÁ) DE QUEIJO EMMENTAL RALADO ♥ 4 OVOS (GEMAS E CLARAS SEPARADAS) ♥ NOZ-MOSCADA, SAL E PIMENTA-DO-REINO A GOSTO ♥ 1 MAÇO DE ASPARGOS FRESCOS

> Preparo:

1. Preaqueça o forno em temperatura média.

2. Derreta a manteiga e misture com a farinha. Nesse meio-tempo, esquente o leite até ferver. Misture o leite com a farinha e a manteiga, mexendo bastante com uma colher de pau ou um batedor de arame. Continue assim até obter uma mistura grossa, macia e homogênea.

3. Retire a panela do fogo e adicione o queijo, mexendo até que esteja plenamente derretido. Adicione as gemas, batendo-as, uma de cada vez. Tempere com noz-moscada, sal e pimenta-do-reino a gosto, e deixe esfriar.

4. Adicione os aspargos cortando-os crus em pedaços de 1,5 cm. Reserve.

5. Bata as claras em neve bem firmes e junte com a mistura que esfriou. Coloque em uma travessa refratária funda ou em aproximadamente 20 ramequins pequenos (com 6 cm a 7 cm de diâmetro). Para a travessa grande, considere 40 minutos para assar em forno médio. Para as miniporções, o tempo de assar será bem menor, de aproximadamente 20 minutos.

< Saboreando o Rio >

Filé-mignon
ao molho de gorgonzola e batatas rústicas

RENDIMENTO: SERVE 6 PESSOAS

» Para as batatas: 1,5 KG DE BATATA ♥ 20 DENTES DE ALHO (BEM FRESCOS) INTEIROS, MAS DESCASCADOS ♥ 3 COLHERES (SOPA) DE MANTEIGA DERRETIDA OU 100 ML DE AZEITE DE OLIVA ♥ SAL GROSSO, PIMENTA-DO-REINO E SALSA PICADA A GOSTO

» Para a carne: 1 PEÇA (APROXIMADAMENTE 1,2 KG) DE FILÉ-MIGNON ♥ 1 COLHER (SOPA) DE MOSTARDA DE DIJON ♥ SAL E PIMENTA-DO-REINO A GOSTO ♥ 1 COLHER (SOPA) DE MANTEIGA ♥ 300 ML DE CREME DE LEITE FRESCO ♥ 1 TRIÂNGULO (150 G) DE QUEIJO GORGONZOLA CORTADO EM PEDACINHOS PEQUENOS

> Preparo das batatas:

1. Corte as batatas ao comprido, dividindo-as em 8 pedaços. Espalhe as batatas e os dentes de alho inteiros em uma travessa refratária, besuntando as batatas com bastante manteiga ou azeite.

2. Tempere-as com sal grosso, pimenta-do-reino e salsa.

3. Cubra a travessa com um pedaço de papel-alumínio e deixe no forno, em temperatura média para alta, por 20 minutos. Retire o papel-alumínio e retorne ao forno por mais 50 minutos, aproximadamente, ou até que as batatas estejam totalmente douradas.

> Preparo da carne:

1. Limpe a peça de filé-mignon, retirando gorduras e nervos. Corte a carne em bifes de 2 dedos (aproximadamente 3 cm) de espessura e disponha esses em uma travessa. Besunte-os com mostarda, sal e pimenta-do-reino. Deixe-os absorver o tempero por aproximadamente 30 minutos, enquanto a batata está assando.

2. Passe-os em uma frigideira com manteiga, de preferência de dois em dois, para não acumular muito líquido. Deixe que cada lado da peça

< A Urca gringa >

de carne grelhe na frigideira, em fogo alto, por 1 minuto, e, depois, em fogo baixo, por 3 minutos, e repita a operação para grelhar o outro lado. Cada lado do bife deve ser grelhado uma vez apenas.

3. Faça o molho para a carne colocando o creme de leite e o queijo gorgonzola em uma panela e levando-os ao fogo para obter um creme homogêneo.

4. Sirva os pratos prontos com um filé, uma porção das batatas e o molho por cima do filé.

Dica:
Comece pelas batatas, pois, enquanto essas estiverem no forno, você poderá fazer o restante do prato.

Arte

< Saboreando o Rio >

Luzes apagadas. A voz solitária no escuro anuncia os créditos de direção, elenco, produção e equipe de apoio. Avisos de não fumar e de não utilizar celulares já se esvaem sob os urros da plateia. O show vai começar e a música vai levar você. Durante aqueles 90 minutos você vai se imaginar no lugar do artista. Vai percorrer os cantos e recantos da mente que fez chegar até você aqueles versos, e vai viver intermitentemente os flashes de ideias que circundaram o ser que escolheu aquela melodia, aquela harmonia e aquela letra. Vai se sentir na direção daquele espetáculo. Vai se solidarizar e sofrer quando o artista parecer pedir clemência, e vai torcer para que ele cresça e fique gigante. Vai querer que naqueles 90 minutos ele consiga expressar o que sentiu por uma vida, e que aquela chance não seja desperdiçada. E quando gigante estiver, vai inebriar você. Vai levá-lo às muitas vidas que sua vida tem e vai fazer você sentir saudades, nostalgia e apego. Vai servir de inspiração para você e o fazer acreditar que a arte é de verdade e o reconhecimento sempre vem. Vai trazer de volta quem já se foi. E vai dar coragem para você buscar quem ainda pode alcançar.

Aí as luzes vão se acender e você será conduzido de volta ao ponto de partida, para um lugar que, você sabe bem, não é fácil habitar e no qual as ideias e as soluções são mais raras e mais caras. O artista vai ser diminuído pela crítica ácida, que vai compará-lo ao que lhe parecer mais próximo, ignorando que a arte é influenciada por arte. As melodias e harmonias, que tanto inebriaram, serão abordadas com tecnicismo por mentes céticas que nunca sentiram amor nem dor. Mas os algozes da arte também vão lhe parecer ridículos e insignificantes, porque, lá no fundo, só você, ali, de coração aberto, quando as luzes se apagaram, foi capaz de se deixar levar pela música. E você foi bem longe.

< Arte >

Fazer arte é dar a cara a tapa a todo momento e sujeitar-se à crítica fria de quem não quis se deixar levar ou à crítica merecida dos que não foram a lugar algum porque simplesmente a inconsistência daquilo não os permitiu — isto também acontece. Cozinhar é se atirar sem dó nem piedade no desconhecido da (alta) expectativa alheia. É estar em um foco muitas vezes indesejado, porquanto inevitável e irreversível. Cansei de me ver ansiando por ideias incríveis na cozinha. Simplesmente não é apenas a isso que eu devo me propor, pois percebi que se há alguma virtude no que faço é exatamente procurar desenvolver com dignidade as delícias a que já tive acesso e, aí sim, levar alguém a uma experiência gastronômica feliz. Minha história na cozinha é empírica e nasceu da interpretação daquilo que eu vi e provei ao longo da vida. Um caso de amor, essencialmente.

As ideias estão no ar e, na arte, duas pessoas podem se apropriar delas ao mesmo tempo. Por exemplo, há alguns anos me deparei com um lindo livro intitulado *Les délices de chez Catherine* (Éditions Solar, França, 2006), no qual Catherine Guerraz propõe algumas receitas clássicas. Coincidência ou não, puxei pela memória e recordei que uma das receitas do livro era muito parecida com um prato que havia no Clube Chocolate do Fashion Mall - no qual absolutamente tudo era maravilhoso -, sob o nome de "Insalata Nuova Caprese". Tento, então, adiante reproduzir essa receita que se apresentava em formato de um leque em círculo ao longo do prato.

‹ Saboreando o Rio ›

Insalata Nuova Caprese

....

RENDIMENTO: SERVE 12 PESSOAS

6 TOMATES DO TIPO ITALIANO ♥ 500 ML DE AZEITE DE OLIVA ♥ 2 BERINJELAS ♥ 2 ABOBRINHAS ♥ 6 BOLOTAS GRANDES DE MUÇARELA DE BÚFALA FRESCAS ♥ 1 COLHER (CHÁ) DE MANTEIGA ♥ 20 G DE PIGNOLI ♥ FOLHAS DE MANJERICÃO ♥ FLOR DE SAL E PIMENTA MOÍDA NA HORA

› Preparo:

1. Preaqueça o forno.

2. Corte cada tomate em 4 fatias. Despeje 100 ml de azeite sobre os tomates e leve-os ao forno salpicados por sal, por aproximadamente 30 minutos ou até que tenham secado e dourado.

3. Corte as berinjelas em fatias de 1 cm de espessura e tempere-as com um pouco de sal. Em uma panela, esquente 100 ml de azeite. Doure levemente as fatias de berinjela em fogo brando. Retire o excesso de gordura.

4. Corte as abobrinhas em fatias de 1 cm a 2 cm e tempere-as com um pouco de sal. Doure-as em cada lado em uma frigideira ou grill, com um pouquinho de azeite.

5. Corte cada bolota de muçarela em 4 fatias.

6. Frite os pignolis em uma frigideira com a manteiga por aproximadamente 2 minutos ou até dourar. Assim que os retirar do fogo, coloque-os em um prato de louça, pois se ficarem na frigideira vão continuar escurecendo.

7. Monte a salada intercalando cada um dos ingredientes em leque a ser fechado em círculo. Coloque as folhas maiores de manjericão entre o tomate e a muçarela e utilize as menores para salpicar por cima da salada. Polvilhe flor de sal e pimenta.

très chic!

8. Derrame o restante de azeite sobre a salada e, por fim, jogue pignoli por cima.

< Saboreando o Rio >

Pode me acusar de fazer terrorismo, mas me responda, agora: ao fim de 15 anos, já estamos maduros? E se a resposta for sim, será isso, assim, mesmo? Passaremos o restante de nossa existência, uns trinta anos talvez, dividindo essa mesma — e única — cama? É claro que, quando chove, precisamos mais um do outro e conseguimos ver com clareza o porquê disso tudo. Não somente quando chove. Quando falta dinheiro e não podemos sair por aí, sendo felizes e inconsequentes, e por isso ficamos sossegados juntos. E é claro que admito que, sem você por perto, eu estaria devendo favores em troca de serviços domésticos para toda a vizinhança, que, sabendo-me uma mulher que pede favores, já teria dado um jeito de me expelir daqui. É bom estar junto na adversidade e na alegria. Nos momentos de euforia, tiramos mais fotos e, empolgados, acabamos ostentando essa felicidade imprudentemente nas desgraçadas redes sociais. Adiante, podemos olhar para essas fotos e nos deixar maltratar por uma nostalgia essencialmente masoquista, como se fosse possível que o tempo voltasse atrás e nos devolvesse um pouco de juventude. Mas não dá. Atualmente à praia não vamos mais e até as madrugadas são mais escassas. Precisamos nos reinventar e, consequentemente, percebemos que já não dispomos de tanta matéria-prima. Os erros no percurso a esta altura são menos dignos de indulgência pelo Universo, que ora nos absolve e nos permite ser feliz, ora nos castiga. Lembro-me de ver transbordar de nós um desejo explícito de mudar o rumo de tudo, naquele dia no Jobi, depois da festa de Santo Antônio. O Paiva, garçom, que nos tratava como se você fosse o dono da casa, às 3 horas da madrugada, como se o baile estivesse só no começo. Eu, que não devia estar conseguindo esconder o espanto, tentava compreender o ser humano insone diante de mim. Mas aquele bar povoado por gente insaciável e inquieta, implicitamente, sugeria que aquilo nunca poderia dar certo. Mesmo você dizendo que ainda ia casar comigo, mesmo eu achando você engraçado, mesmo eu querendo ficar ali. Eu, que de noite dormia como um anjo no escuro e não tinha sequer televisão no quarto?

< A esta altura >

Entrelaçavam-se sequencialmente o meu desejo de ficar ali, o que obrigaria de imediato a supressão de uma porção de coisas, e o palpite recorrente de origem incorpórea, que me dizia que você não era para mim. Desafiei o que parecia ser a melhor ordem para as coisas e, agora, que você já dorme muito mais horas por madrugada, eu pergunto: você é feliz?

paulista
agrete
 carangueijo
 siri
 atiada
 faiofa
 acebolada
 Italiano

Linguiça de ...
Melão com presunto de Par...

E Prá beber
Sangria de espumante
Vinhos brancos
Caipirinhas/Mojitos
Royale Rosato
Kir Royal

< A esta altura >

Namorado ao molho aveludado
de sálvia e conserva de cerejas

RENDIMENTO: SERVE 6 PESSOAS

» Para o molho: ESPINHA DE PEIXE (PODE SER EXTRAÍDA NO CORTE DOS FILÉS OU SER CEDIDA PELO PEIXEIRO) ♥ 1,5 L DE ÁGUA ♥ 80 G DE MANTEIGA ♥ 1 COLHER (SOPA) DE FARINHA DE TRIGO ♥ 150 ML DE ESPUMANTE (BRANCO) ♥ 150 ML DE CREME DE LEITE FRESCO ♥ 1 PUNHADO DE FOLHAS DE SÁLVIA

» Para a conserva: 500 ML DE ÁGUA ♥ 100 G DE AÇÚCAR ♥ 200 G DE CEREJAS, SEM CAROÇOS, PARTIDAS AO MEIO

» Para o peixe: 6 FILÉS DE NAMORADO, DE APROXIMADAMENTE 6 CM DE LARGURA POR 3 CM DE ALTURA CADA UM ♥ 1 LIMÃO ♥ SAL E PIMENTA-DO-REINO A GOSTO

> Preparo do molho:

1. Faça um caldo com a espinha de peixe e a água cozinhando até reduzir pela metade. Coe e reserve.

2. Derreta a manteiga em uma panelinha e acrescente a farinha, deixando dourar a mistura. Junte o espumante e mexa vigorosamente.

3. A essa mistura, acrescente o caldo de peixe e continue mexendo bastante até obter um creme levemente espesso.

4. Adicione o creme de leite, as folhas de sálvia, deixe esquentar um pouco e desligue o fogo. Reserve.

> Preparo da conserva:

1. Coloque em uma panela a água e o açúcar e deixe ferver.

2. Em seguida, acrescente as cerejas e ferva até obter um caldo grosso e cor de vinho. *↳ pode usar outra fruta cítrica!*

3. Tempere com uma pitadinha de sal.

‹ Saboreando o Rio ›

› Preparo do peixe:

1. Tempere os filés de peixe com o caldo de limão, sal e pimenta-do-
-reino a gosto e os grelhe de cada lado até que a carne fique opaca.

2. Coloque por cima do molho aveludado de sálvia.

3. Sirva o peixe acompanhado da conserva de cerejas por cima
de cada filé.

-♡♡♡-

(-)♡♡

‹ Saboreando o Rio ›

A luz já é de inverno na Gávea, e na época das borboletas amarelas acordo todos os dias com o canto dos passarinhos. O cheiro de café sobe pela janela, como sempre foi. O sol que bate no muro faz crescer a hera, e as orquídeas estão brotando. A sua pia está seca e limpa pela falta de uso, mas me conforta ver o resto das suas roupas, ainda que como forma de me aprisionar a um futuro incerto. Às vezes dói, às vezes não. Confesso que acordar e dormir sem poder abraçar você é o pior de tudo. Mas essa casa, que não ruiu, continua sendo um lar, o seu lar, que eu estou cuidando, perfumando e de onde espanto o mal diariamente com incensos. Não consigo ver ainda por que desaguamos em águas tão turbulentas e isso me apavora, mas sei que estou mais forte.
A melhor notícia é que você vai encontrar aqui uma pessoa nova. Não melhor, nem pior, pois como diz Clarice Lispector: "Até cortar os seus próprios defeitos pode ser perigoso, pois nunca se sabe qual é o defeito que sustenta nosso edifício inteiro." O fato é que aprendi a andar sozinha simplesmente colocando um pé na frente do outro, resistindo à dor que ardia no estômago, a cada passo, e assim sucessivamente, até me ver andando ereta, destemida e um pouco contente. Ao longo de muitos anos nossas vidas se entremearam e nós não sabíamos mais quem estava brigando com quem, pela nossa inabilidade de perceber onde começava um e terminava o outro. Nossas raízes continuam misturadas, e, dos frutos complexos que vejo ao meu redor, percebo o ardor de um amor reivindicando a continuação da sua existência. Ou a negação daquela sua vida, como a vida de um ex-amor ou o amor de uma ex-vida. E, inadvertidamente, esse amor está agora sussurrando, bem baixinho, para que ninguém ouça o mal que ele me faz. Como um castigo, como uma flechada lenta e precisa, que me obriga a engolir o choro e o grito, da voz firme que lhe ressoa sem piedade. "Muda".

< Notícias daqui >

Ao nosso redor, a vida continua se insurgindo a despeito
de tanta melancolia. Nesta semana, tudo aconteceu
como de costume, e a natureza, inclemente, ostentou sua
determinação apesar de mim e de você. Já temos bananas
maduras e teremos outros frutos. Precisamos ir, assim,
precisamos mesmo. E tudo aqui permanece em movimento.

< Notícias daqui >

Creme queimado aromatizado
com banana da casa

RENDIMENTO: DE 8 A 10 RAMEQUINS PEQUENOS
250 ML DE LEITE ♥ 2 BANANAS-PRATA ♥ 1 FAVA DE BAUNILHA ♥ 6 OVOS (GEMAS E CLARAS SEPARADAS) ♥ 4 COLHERES (SOPA) DE AÇÚCAR ♥ 250 ML DE CREME DE LEITE FRESCO ♥ 200 G DE AÇÚCAR DE CONFEITEIRO OU COMUM (PARA QUEIMAR)

> Preparo:

1. Com 3 dias de antecedência, coloque o leite em uma tigela com as bananas cortadas em rodelas finas. Tampe a tigela e deixe-a na geladeira. Quando for usar, descarte as bananas, pois o leite já estará levemente aromatizado, que é o ideal para esta receita.

2. Parta a baunilha ao meio e retire as sementes.

3. Esquente o leite com as sementes da baunilha até ferver. Deixe esfriar e com a ajuda de uma peneira, retire as sementes. Reserve o leite aromatizado e deixe-o esfriar.

4. Em um recipiente ou tigela de metal (que possa ser usada em banho-maria), coloque as 6 gemas e mexa-as com um batedor de arame até fazer espuma. Adicione o açúcar e continue a bater vigorosamente até que a mistura clareie.

5. Junte o creme de leite, misture e leve para uma tigela em banho-maria, tomando cuidado para a água quente da panela não respingar dentro da tigela. Continue batendo sem parar até que o creme engrosse. Adicione o leite aromatizado de banana em temperatura ambiente, misture e coloque o creme em 4 ou 5 ramequins grandes ou 10 ou 12 ramequins pequenos.

6. Leve os ramequins sobre uma assadeira com água ao forno (em temperatura baixa) e deixe-os cozinhar por aproximadamente 30 a 35 minutos. Antes de retirar do forno, balance um pouco a assadeira para ver se os cremes estão mais firmes (eles não ficarão totalmente firmes, nem deverão inchar; se isso ocorrer, é sinal de que foram excessivamente assados).

7. Depois de assados, leve-os à geladeira. Para servi-los, polvilhe açúcar e queime-os o mais uniformemente possível com a ajuda de um maçarico.

⁄⁄⁄⁄ ♡ __ ♡ __

< No Leme elegantérrimo >

No começo do curso de Direito, me tornei amiga da Natalie e da Tita. Passamos os quase cinco anos de faculdade muito unidas, e, apesar de não sabermos àquela altura aonde a vida nos levaria, foi delicioso vivermos juntas uma época de sonhos e de tantos planos. Embora eu tenha adoráveis histórias para contar delas, vou falar agora do pai da Natalie. O tio Alberto era um gentleman chiquérrimo, elegantérrimo, generosérrimo e simpaticíssimo (todos os superlativos que eu usar serão poucos para defini-lo). Um cavalheiro único que abria um sorriso encantador quando me via. Eu, naqueles deliciosos momentos de convívio, acreditava ser a mulher mais linda do mundo — e posso garantir que todas as nossas amigas tinham a mesma crença diante do tio Alberto. Frequentemente, íamos almoçar na casa da Natalie e compartilhávamos da alegria daquele casal querido. Tio Alberto era português e conservava 100% de seu sotaque, portanto, não raro ele nos perguntava se queríamos café "com crééééém?". Isabelita, espanhola, também com sotaque forte, nos fazia por vezes indagar o que ela teria dito em uma ou outra frase, mas nada que nos impedisse de absorver a graça e a perspicácia de suas histórias. Os ótimos vinhos que eram oferecidos naquelas tardes vinham sempre realçar um dos três pratos que invariavelmente se alternavam como menu: pato com azeitonas verdes, bacalhau grelhado ou rabada. Absorvendo um pouquinho daqui e um pouquinho dali, acabei interpretando e criando em cima dos pratos ou de minhas próprias versões de cada um deles. De tempos em tempos, me vejo lembrando dessa figura extraordinária e me imaginando novamente almoçando com o tio Alberto, em uma mesa regada a histórias e muito carinho, num misto de simplicidade, galanteio e amor às boas coisas da vida — que ele, particularmente, conhecia e adorava como ninguém.

Fica, então, esta receita, com muito amor, para alguém que até hoje me faz lembrar que a vida merece ser vivida com vontade e com tudo de bom que merecemos.

< No Leme elegantérrimo >

Escondidinho de rabada
com baroa e queijo cremoso ao agrião

RENDIMENTO: 8 RAMEQUINS (DE APROXIMADAMENTE 10 CM DE DIÂMETRO)

3 COLHERES (SOPA) DE ÓLEO OU AZEITE DE OLIVA ♥ 2 KG DE RABADA (COM OSSOS) OU 600 G DE RABADA LIMPA ♥ 1 GARRAFA DE VINHO TINTO (DE BOA QUALIDADE!) ♥ 2 TOMATES ♥ 1 MAÇO DE SALSA ♥ 1 MAÇO DE CEBOLINHA ♥ 2 CENOURAS (DESCASCADAS) ♥ ½ AIPO (DESPREZAR AS FOLHAS) ♥ 1 ALHO-PORÓ (SOMENTE A PARTE BRANCA) ♥ 1 CEBOLA ROXA ♥ 2 DENTES DE ALHO ♥ 1 L DE ÁGUA ♥ 1 KG DE BATATA-BAROA ♥ 2 L DE ÁGUA PARA A BATATA ♥ 1 COLHER (SOPA) DE SAL ♥ 100 G DE MANTEIGA ♥ 2 MAÇOS DE AGRIÃO ♥ PIMENTA-DO-REINO A GOSTO ♥ 400 G DE QUEIJO CREMOSO, DE PREFERÊNCIA REQUEIJÃO

> Preparo:

1. Coloque o óleo ou o azeite em uma panela grande e doure a rabada por aproximadamente 1 hora. Adicione o vinho tinto, os tomates, a salsa, a cebolinha, as cenouras, o aipo, o alho-poró, a cebola roxa e os dentes de alho. Deixe reduzir e complete com a água. Cozinhe até que a carne esteja bem macia e soltando com extrema facilidade dos ossos, o que leva, em média, 4 horas.

2. Retire a carne dos ossos, deixando apenas os lombos limpos, desprezando toda a gordura e os nervos. Desfie a carne com as mãos. Reserve.

3. Descasque a batata-baroa para cozinhá-la na água com sal.

4. Quando estiver bem cozida, amasse a batata em uma bacia com um garfo, com ajuda da metade da quantidade de manteiga, que derreterá imediatamente em contato com a batata quente. Quando obtiver um purê homogêneo, prove e corrija o sal. Reserve.

5. Refogue apenas as folhas do agrião com o restante da manteiga e bata no liquidificador com o queijo cremoso. Reserve.

6. Deixe os talos do agrião cozinhando um pouco no caldo da rabada e também reserve.

7. Forre o fundo da travessa ou de cada ramequim, conforme o caso, com o purê de baroa. Acrescente uma camada da rabada desfiada. Coloque um pouco dos talos macios de agrião refogados cortados em pedaços menores, mas não muito picados.

8. Cubra os ramequins com a mistura de queijo cremoso com agrião. Leve ao forno por aproximadamente 20 minutos e sirva bem quente.

Dica:
Se preferir, em vez de ramequins ou tigelas individuais, use uma travessa refratária, considerando, nesse caso, 30 minutos no forno.

≪≪ ♥ __ ♥ ≫≫

Ipanema

< Saboreando o Rio >

Ipanema no fim da tarde é um luxo. E não estou nem falando da praia ou do pôr do sol, mas da Visconde de Pirajá mesmo. Quando a tarde cai e eu tenho de fazer algumas comprinhas lá, me sinto privilegiada por desfrutar tantas boas companhias. A começar pelo sol que cega quem anda em direção ao Obelisco, energizando a alma da gente. O cheiro de maresia nos dá uma sensação de liberdade por estarmos em pleno dia útil perto da praia, deixando bem claro que há coisas importantes para fazermos na vida além de trabalhar. Isso sem falar nos gays ipanemenses — o nome já diz tudo, ser gay é ser alegre, feliz, para cima. O mundo seria bem menos frustrado e complexo se em todos bairros pudéssemos nos deparar com gente feliz como a que vemos em Ipanema. Mas isso é uma discussão muito vasta para um livro de receitas, com a mera pretensão de contar uma historinha aqui, outra ali.

Tendo morado a vida inteira no Leblon, não consigo ser bairrista em relação a Ipanema. Ipanema é como aquela prima chique, maneira, que sempre conta uma novidade, de quem sempre se sente saudades e com a qual vivemos momentos insuperáveis. Aliás, Leblon, Gávea e Ipanema para mim são uma coisa só.

Eu poderia divagar por horas sobre Ipanema, mas não quero soar repetitiva, uma vez que tantos outros já o fizeram tão bem. Apesar das novas modas que esse bairro sempre lança em termos gastronômicos, vou homenageá-lo com uma receitinha bem simples e recorrente, que me lembra do início de tudo. Praia ou compras em Ipanema com as amigas e um almoço antes de ir para casa. No menu, salada verde com patê de fígado de frango e pimenta-rosa.

< Saboreando o Rio >

Salada verde com patê
de fígado de frango com pimenta-rosa

RENDIMENTO: 1 TERRINA MÉDIA, QUE SERVE 8 PESSOAS

» Para o patê:

(RENDE UMA TERRINA DE 30 CM POR 10 CM DE LARGURA E 8 CM DE PROFUNDIDADE) ❦ 200 G DE MANTEIGA ❦ 2 CEBOLAS MÉDIAS PICADAS GROSSEIRAMENTE ❦ 50 ML DE CONHAQUE ❦ 1 KG DE FÍGADO DE FRANGO ❦ 1 COLHER (SOPA) DE SAL, PODENDO VARIAR, CONFORME O GOSTO ❦ PIMENTA--BRANCA MOÍDA E NOZ-MOSCADA A GOSTO ❦ 1 COLHER (SOPA) DE GELATINA EM PÓ ❦ PIMENTA-ROSA, O QUANTO BASTE ❦ 1 COLHER (SOPA) DE SALSINHA PICADA FINÍSSIMA

» Para a salada:

ALFACE-AMERICANA ❦ ALFACE-FRISÉE ❦ ALFACE-ROXA ❦ RÚCULA ❦ SUCO DE LIMÃO, AZEITE, SAL E PIMENTA-DO-REINO A GOSTO

> Preparo do patê:

1. Derreta a manteiga para refogar a cebola até dourar.

2. Adicione o conhaque, deixe reduzir um pouco.

3. Acrescente o fígado de frango e deixe cozinhar por aproximadamente 10 minutos, mexendo de vez em quando.

4. Tempere com o sal, a pimenta-branca e a noz-moscada.

5. Deixe esfriar um pouco e bata tudo no liquidificador.

6. Dissolva a gelatina em ¼ de xícara (chá) de água quente, misture com o creme obtido no liquidificador e bata novamente.

7. Coloque o patê em uma terrina grande ou em fôrmas ou terrinas individuais, e deixe na geladeira por, pelo menos, 3 horas antes de servir. Sirva com um pouco de pimenta-rosa e salsinha por cima, colocando uma fatia ou o patê desenformado no centro do prato da salada. Se preferir, para facilitar a remoção, <u>forre a terrina com papel-manteiga</u>.

< Ipanema >

> Preparo da salada:

1. Tempere as folhas com limão, azeite, sal e pimenta-do-reino apenas.

Dica:

Dependendo da quantidade de pessoas, coloque mais ou menos folhas de cada verdura na salada.

Natal no Cosme Velho

< Saboreando o Rio >

Quando se fala em gastronomia, determinadas coisas deveriam ser consideradas criminosas, como servir peixe, camarão ou massa além do ponto, servir molho muito ralo ou exagerar no açúcar em algumas sobremesas. Ou em todas, talvez. Eu preciso de uma semana de análise cada vez que meus molares estrangulam um pedaço de cartilagem de frango, por exemplo. Mas existem coisas que ficam ali, no limite da cretinice, que constituem, no máximo, um abalo moral. Rabanada ruim, por exemplo, é um abalo na reputação moral da pessoa. Nunca tinha percebido a relevância de uma rabanada, até que, em um 24 de dezembro, eu estava na casa da minha prima, no Cosme Velho, batendo aquele papo-retrospectiva-do-ano-que-passou e ela me falou: "A Maria está fazendo rabanadas." Eu disse: "Não ligo." Ela perguntou: "Mas você já comeu uma rabanada na hora que ela acabou de ser feita?" Eu respondi: "Não." Ela falou: "Come." Eu comi. Nunca mais parei de comer. Tenho hoje 3 quilos a mais que adquiri desde então e nunca mais perdi.

No Rio, por algum motivo que ninguém sabe explicar, comemos rabanadas no dia 24 de dezembro, quando a temperatura está ali, displicentemente, por volta dos... 40 graus. Em Portugal, país fofo e de perfeita literalidade, as rabanadas são chamadas de "fatias douradas". Nos Estados Unidos, há a *French toast*, que é para ser comida no café da manhã, só que durante todo o ano. Mais, na França, ah... a rabanada vira *pain perdu*, que se explica pela frugalidade de se utilizar o pão perdido, que, por ser velho, não mais se come, mas continua às ordens, para que qualquer mão generosa o transforme em iguaria. Agora, minha gente, rabanada é para comer no inverno também, certo?

__ ♡ __ ♡ __ ♡ __ ≫≫≫

< Saboreando o Rio >

Sanduíche de rabanadas
com sorvete de canela e frutas vermelhas

....

RENDIMENTO: SERVE 12 PESSOAS

1 SACO DE PÃO DE FÔRMA (OU BAGUETE, PARA FICAR DIFERENTE!) ❧ 1 L DE LEITE ❧ ½ LATA DE LEITE CONDENSADO ❧ ½ XÍCARA (CHÁ) DE AÇÚCAR ❧ 2 COLHERES (CHÁ) DE CANELA EM PÓ ❧ 3 OVOS INTEIROS ❧ ÓLEO PARA FRITAR ❧ SORVETE DE CANELA ❧ MORANGOS, MIRTILOS, FRAMBOESAS OU AMORAS LIMPOS

> Preparo:

1. Corte cada pão em triângulos (ou abra a baguete ao meio e depois corte em pedaços de 15 cm, aproximadamente).

2. Misture o leite e o leite condensado em uma bacia ou travessa (funda).

3. Misture o açúcar com a canela e coloque em outra travessa (rasa).

4. Bata as claras em neve e adicione as gemas, misturando-as, e coloque-as em uma terceira travessa.

5. Passe as fatias de rabanadas na mistura de leite com leite condensado até que estejam encharcadinhas, molhe-as nos ovos batidos e frite-as. Quando estiverem douradas, retire-as com a ajuda de uma escumadeira e escorra o óleo.

6. Passe-as na mistura de açúcar e canela e arrume-as como sanduíches, colocando o sorvete no meio com as frutas vermelhas.

Uma vitória a cada esquina

‹ Saboreando o Rio ›

Manhã de ventania. Com passadas apressadas, mas não tão largas, a cada esquina vou deixando um dos meus fantasmas. Ora o vento me empurra, ora o vento me trava. Preciso deixar o chão para trás e avançar contra a meta no espaço e no tempo. Preciso ligar para a minha mãe. Tem uma criança com febre e muito trabalho para hoje. Uma enormidade de coisas para decidir e alinhavar... Continuo no hedonismo, seguindo o curso dessa empreitada de energia e cansaço. Outros me passam, conquistando mais metros em menos minutos. Vão chegar. Vou chegar. Relaxo na tentativa de aproveitar a onda dos escapes de endorfina e aproveito para sentir o sol, o vento e a paisagem distorcida ficando para trás. Tudo passa. Recorro também a uma lembrança do passado que me traz conforto e imediatamente me remeto à saída da escola com quatro amigas subindo no ônibus, em um raro ensaio de liberdade. Sou surpreendida pela percepção de que, nos dias atuais, a elite carioca não acha elegante usar transporte público. Mas que coisa... Deveríamos andar no metrô vestidos da mesma forma como andamos na Avenue Montaigne, na Piazza Navona, na Park Avenue ou no Chiado. Há por toda parte olhos como os meus, que precisam do belo para sobreviver. Corta novamente para as passadas. Respiro, tento melhorar o ritmo. Mais endorfina. Tudo normal, já sei que não vou mais parar. Música na veia escolhida por uma entidade (ela existe, acredite) que controla o *shuffle* do iPhone. Deixo para trás duas alemãs empurrando carrinhos de bebê. É bom ser estrangeiro no Rio em uma quarta-feira de manhã... e como há estrangeiros nesta cidade! Essa impressão me dá preguiça, e daí, mesmo sem qualquer nexo, a vontade de desistir. Mas não vou parar. Olho angustiada para o relógio da rua que mostra eternamente a temperatura. Muda, poxa, preciso ver quanto tempo já se passou... A imagem do ônibus na volta da escola retorna à minha mente. Para onde mesmo? Para o Gula Gula, esquina da Rua Rita Ludolf. Vamos almoçar antes do trabalho de grupo. Alguém vai pedir a musse de alho-
-poró com torradinhas de entrada. Como será que eles

‹ Uma vitória a cada esquina ›

fazem essa musse? Vou experimentar. Que loucura pensar que a menina que pegava dinheiro na carteira do pai para almoçar no Gula Gula se transformou em uma doida que anda por aí gravando frases desconexas no celular para não esquecer uma ideia. Vou parar. Só faltam 500 metros, me diz uma voz despersonificada. Mas eu quero ir andando e relaxando, sentindo o sol, enquanto essa energia se esvai do meu corpo. A vitória está justamente em não se disputar coisa alguma e poder parar e desfrutar o que os batimentos fazem com o corpo. Não. Vou continuar. Não. Só mais um pouquinho, discuto comigo. Vou parar. Decido e pronto. Paro.

< Saboreando o Rio >

Musse de alho-poró e mostarda
(Esta é a minha interpretação da musse de alho-poró do restaurante Gula Gula.)

RENDIMENTO: 1 TERRINA MÉDIA OU 2 FÔRMAS PEQUENAS

¼ DE XÍCARA (CHÁ) DE CEBOLA PICADA MUITO FINA ♥ 2 COLHERES (SOPA) DE MANTEIGA ♥ 1 ALHO-PORÓ BEM GROSSO OU 2 PEQUENOS (CORTADOS EM RODELAS, USANDO SOMENTE DA PARTE BRANCA ATÉ A PARTE VERDE-CLARA) ♥ 1 ½ XÍCARA (CHÁ) DE CREME DE LEITE FRESCO ♥ 1 COLHER (SOPA) DE MOSTARDA DE DIJON ♥ 2 COLHERES (SOPA) DE GELATINA EM PÓ SEM SABOR ♥ ¼ DE XÍCARA (CHÁ) DE ÁGUA QUENTE ♥ CEBOLINHA FINA PICADA (OPCIONAL) ♥ SAL E PIMENTA-DO-REINO A GOSTO

> Preparo:

1. Em uma panela, refogue a cebola na manteiga até dourar.

2. Acrescente o alho-poró e deixe refogar até que comece a alourar.

3. Junte o creme de leite e a mostarda.

4. Dissolva a gelatina na água quente.

5. Misture tudo e bata no liquidificador.

6. Adicione a cebolinha fina, se desejar.

7. Tempere com sal e pimenta a gosto, coloque em uma terrina e leve ao refrigerador.

8. Retire da terrina e coloque em uma travessa. Sirva com torradas.

Dica:
Tenha sempre essas musses no congelador para receber amigos ou levar para a casa de um amigo e servir com torradas. É facílimo de fazer e você pode deixar várias congeladas.

>>>> ♥ ♥ ♥ >>>>

De All Star por aí

< Saboreando o Rio >

Quando interrompi minha carreira de advogada, tremia só em pensar como podia estar deixando para trás uma situação que eu havia levado tantos anos para conquistar. É inspirador rever as coisas e entender somente agora, depois de algum tempo, os exatos ganhos e as consequentes perdas que eu tive. O maior ganho de todos foi, sem dúvida, ter uma vida de verdade. Tenho um grande orgulho de tudo o que vivi como advogada — durante uma época em que por muito tempo eu fui feliz e ainda hoje sou grata por ter conhecido pessoas maravilhosas. Por "vida de verdade", eu me refiro a experiências mais frequentes como sentir calor, andar, me sujar e trabalhar com as mãos, em pé, e, ao fim, atirar meu corpo exausto sobre a cama. Do quarto de casa para o carro, e dele para uma sala refrigerada do escritório, eu vivia em um aquário constante, que me impedia de sentir o sol na pele durante a semana. Tendo abandonado todos os saltos altos e os trocado por tênis All Star ou sapatilhas, eu passei a perambular pelas feiras, mercados e pelo Cadeg com frequência. Com o passar do tempo, vi que isso havia me deixado mais jovem, que eu passei a prescindir de roupas de alfaiataria e, com sagacidade, perdi o medo de dirigir por absolutamente todas as partes da cidade. Tudo passou e hoje eu realmente só consigo me lembrar do frio na barriga da transição. O medo de não ser mais quem eu era, aliado à dúvida se eu conseguiria ser um dia o que eu queria, era apavorante. Na época, as pessoas me davam parabéns pela coragem, e, por mais absurdo que soe, eu me sentia um pouco covarde por estar deixando tanto para trás, e por estar, como estava, até onde eu conseguia enxergar, desistindo. Nunca coragem e covardia estiveram tão próximas. Nessa época, me obriguei a absorver um dia de cada vez com uma serenidade que nunca me havia sido característica. Eu simplesmente precisava ir. E junto comigo iam o medo e o desafio. Um dia percebi que havia encontrado o que eu procurava. A vida e o trabalho se confundiram em uma coisa só, e eu passei a entrar nas casas desta cidade com a autoconfiança de

< De All Star por aí >

quem se diverte para ganhar dinheiro e ganha dinheiro se divertindo. Nem tanto dinheiro assim, mas o suficiente para compreender que eu não dependia mais de alguém que quisesse me empregar e de quebra tivesse de aceitar os meus defeitos. Simplesmente tudo o que eu desejava era encontrar alguém que precisasse de um cozinheiro, de alguém que fizesse a sua festa se concretizar. E essa crença de que o meu telefone sempre iria tocar eu devo a uma pessoa: minha sócia, amiga e irmã, Anna Elisa de Castro, a Fofa, que, apesar de não sabermos àquela época, era uma pessoa completamente diferente de mim quando nos tornamos sócias. Até isso foi delineado pelo Universo, e estamos sempre aprendendo uma com a outra.

No muito que aprendi nessa virada, talvez o mais importante tenha sido o fato de eu ter me tornado capaz de desprezar a rotina de vez em quando, e de fugir dela, sem culpa, sem autoflagelo e, muito importante, sem relacionar isso a qualquer rastro de irresponsabilidade. Poder estar em plena tarde de quinta-feira no Bira de Guaratiba não é mais inverossímil. É algo a que eu recorro para respirar, olhar ao redor e me impulsionar ilesa de volta à minha rotina. A receita a seguir é uma interpretação da Moqueca do Bira pela Fofa, uma chef vegetariana excepcional, que a fez sem peixes ou crustáceos, mas com shiitakes.

< Saboreando o Rio >

Moqueca de shiitake
por Anna Elisa de Castro

....

RENDIMENTO: SERVE 8 PESSOAS

300 G DE COCO FRESCO RALADO ♥ 500 ML DE ÁGUA MORNA ♥ 3 COLHERES (SOPA) DE AZEITE DE OLIVA ♥ 1 CEBOLA GRANDE PICADA EM QUADRADINHOS ♥ 2 TOMATES PICADOS EM QUADRADINHOS ♥ ½ PIMENTÃO VERMELHO PICADO EM QUADRADINHOS ♥ ½ PIMENTÃO AMARELO PICADO EM QUADRADINHOS ♥ 1 COLHER (CHÁ) DE SAL ♥ 500 G DE SHIITAKE GRANDE ♥ 4 COLHERES (SOPA) DE AZEITE DE DENDÊ ♥ 500 G DE FARINHA DE MANDIOCA ♥ GOTAS DE PIMENTA (OPCIONAL) ♥ ¼ DE XÍCARA (CHÁ) DE COENTRO PICADO

> Preparo:

1. Faça o leite de coco batendo no liquidificador o coco ralado com a água morna e coando em um pano limpo ou um saquinho de voal próprio para preparar sucos. Reserve.

2. Em uma wok, coloque o azeite de oliva e refogue a cebola até ficar translúcida.

3. Junte os tomates, os pimentões e o sal - de preferência do Himalaia. Cozinhe por uns 3 minutos.

4. Corte o shiitake e acrescente na wok para cozinhar, até ficar bem macio.

5. Junte 3 colheres (sopa) de azeite de dendê e o leite de coco reservado, cozinhando por mais 5 minutos sem deixar ferver. Corrija o sal e acrescente umas gotinhas de pimenta, caso você goste.

6. Adicione o coentro e sirva a moqueca acompanhada de uma farofinha de dendê, que é muito fácil de fazer. É só refogar a farinha de mandioca em 1 colher (sopa) de azeite de dendê.

- ♥♥♥ -

‹ Saboreando o Rio ›

Casas de alvenaria, casas sem pintura e casas de pau a pique. Escadas, muitas escadas. Gente entrando e saindo por becos e vielas que só os moradores conhecem. Todos se cumprimentam, parecem sempre felizes por se esbarrarem. As crianças brincam entre os degraus de cimento e as lajes, alheias aos transeuntes. Parece uma manhã de um dia de semana, mas hoje é sábado na Rocinha. A cor de ferrugem e o cinza da paisagem contrastam com o azul adjacente da Praia de São Conrado. Estamos falando de um morro íngreme repleto de contradições. Na via principal, os mototáxis operam sob outras leis de trânsito. Os cheiros que saem das casas (café, alho frito e feijão, muito feijão) se mesclam no ar com a sonoridade variada de um fim de semana que está apenas começando. Grande parte dos trabalhadores retorna à Rocinha e vai para a sua laje, ou para a laje de alguém, para montar a churrasqueira, colocar seu melhor som, na altura que quiser, e vai ser feliz até segunda-feira. E é nesse paraíso de gente que trabalha, que ouve forró, pagode ou música gringa ao redor das brasas, e divide a buchada, o churrasco e a vida, que mora um exército maléfico e pulsante, pronto para atirar na paz a qualquer momento. Trabalho duro e vagabundagem. Crianças inocentes e crianças aliciadas. Céu e Inferno. Mas é do Céu que eu quero falar. Quero contar que lá as panelas estão mesmo sempre cheias e que o churrasco é muito farto. E ninguém melhor que um cozinheiro da Rocinha para fazer qualquer tipo de carne se transformar em iguaria. Já na chegada, percebo que os estabelecimentos dão receitas de simplicidade. Despertam-me a curiosidade o hotel Boa Viagem e o restaurante Bom Apetite, e reflito sobre aquele mundo despretensioso, que me parece alheio às complexidades das ruas asfaltadas do restante da Zona Sul. Chego, então, ao meu destino, levada pelas mãos de amigos moradores da comunidade. Uma casa pequena de dois andares, bem cuidada, arrumada e limpíssima. O menu é carne de peito que se desmancha. A mesma carne da receita que vem a seguir, como a minha homenagem carinhosa a todos os meus amigos da Rocinha.

♡ ♡ -- ♡ ♡

Memórias do Rio...

A área que hoje é conhecida como Rocinha era parte da fazenda Quebra-Cangalha. Em 1930, essa fazenda foi loteada em várias chácaras, que aos poucos foram sendo ocupadas por moradores que plantavam frutas e legumes para vender na Praça Santos Dumont. Aparentemente, a qualidade dos produtos era excelente, e, quando indagados de onde vinham os produtos, os produtores respondiam que "eram da rocinha", nome pelo qual a área passou a ser conhecida.

‹ Saboreando o Rio ›

Carne de peito na caçarola
com feijão-branco e tomates assados

RENDIMENTO: SERVE DE 8 A 10 PESSOAS

» Para a carne:
2 KG DE CARNE DE PEITO BOVINO ♥ 8 COLHERES (SOPA) DE AZEITE DE OLIVA ♥ 1 GARRAFA DE VINHO TINTO DE BOA QUALIDADE ♥ 3 DENTES DE ALHO ♥ 1 CEBOLA ROXA ♥ 1 CENOURA EM PEDAÇOS ♥ 1 PÉ DE AIPO ♥ 2 TOMATES ♥ SAL E PIMENTA A GOSTO ♥ 1 MOLHO DE SALSA ♥ 3 GALHINHOS DE TOMILHO ♥ 5 L DE ÁGUA, OU QUANTO NECESSÁRIO

» Para o feijão:
2 XÍCARAS (CHÁ) DE FEIJÃO BRANCO ♥ 12 XÍCARAS (CHÁ) DE ÁGUA ♥ 3 FOLHAS DE LOURO ♥ 50 G DE BACON EM CUBOS DE 1 CM ♥ 4 COLHERES (SOPA) DE AZEITE DE OLIVA ♥ 8 DENTES DE ALHO ♥ SAL A GOSTO

» Para os tomates:
8 TOMATES DO TIPO ITALIANO BEM VERMELHOS, MAS NÃO MADUROS DEMAIS ♥ 24 DENTES DE ALHO ♥ 2 MOLHOS DE SALSA ♥ ½ PIMENTÃO AMARELO ♥ ¼ DE XÍCARA (CHÁ) DE FARINHA DE MANDIOCA ♥ ¼ DE XÍCARA (CHÁ) DE AZEITE ♥ 100 G DE MANTEIGA

› Preparo da carne:

1. Em uma panela grande, refogue os pedaços de peito no azeite até ficarem ligeiramente "morenos". Adicione o vinho tinto e os legumes picados, temperando com sal e pimenta a gosto. Acrescente o molho de salsa e os galhinhos de tomilho. Deixe cozinhar por 30 minutos.

2. Coloque a água e deixe cozinhar por aproximadamente 4 horas. Retire os pedaços de carne e coe todos os pedaços de legumes e verduras. Jogue fora os pedaços de legumes e verduras e as ervas.

3. Se desejar, deixe o molho reduzir por mais algumas horas a fogo baixo, para utilizá-lo.

< ferrugem no azul >

> Preparo do feijão:

1. Escolha os grãos e lave bem o feijão. Deixe o feijão de molho em uma tigela coberta com água, de véspera. Jogue a água fora.

2. Coloque o feijão, a água e o louro em uma panela de pressão. Feche a panela e leve ao fogo alto. Quando a pressão fizer com que a panela comece a apitar, abaixe o fogo e deixe cozinhar por 30 minutos. Espere a panela esfriar completamente e abra-a para experimentar e ver se o feijão está pronto. Se não estiver, tampe a panela e cozinhe até o feijão ficar cozido.

3. Para temperar o feijão, doure o bacon, adicione o azeite e acrescente o alho picado até que doure, mas sem deixar que fique escuro. Coloque tudo no feijão cozido, adicione sal a gosto e deixe cozinhar por mais 10 minutos, aproximadamente.

> Preparo dos tomates:

1. Corte uma "tampa" de cada tomate e limpe-os por dentro, deixando-os lisos.

2. Corte os dentes de alho em fatias finas e pique as folhas de salsa desprezando os talos. Pique o pimentão amarelo em cubos de 0,5 cm. Reserve-os.

3. Misture a farinha, o azeite e a manteiga em uma tigela, da forma mais homogênea possível. Junte o alho, a salsa e o pimentão reservados.

4. Disponha os tomates em uma assadeira e recheie-os com essa mistura dos ingredientes. Leve-os ao forno em temperatura média por aproximadamente 25 minutos. Se não estiverem tostadinhos (sem estarem queimados), deixe-os no forno por mais alguns minutos.

Dicas:
- A boa cozinha recomenda retirar as cascas dos tomates depois de assados.
- Sirva o feijão em prato fundo com a carne e os tomates recheados por cima.

No calor desta cidade

‹ Saboreando o Rio ›

Dizem que o Rio tem apenas duas estações: o verão acaba em dezembro e começa o "inferno", que tem um impacto na vida das pessoas, que reclamam compulsivamente do calor e cozinham menos porque vão mais para as ruas. Dificilmente alguém vai propor uma feijoada nos meses de janeiro ou fevereiro. É nessa época que as contradições desta cidade mais vêm à tona. Porque, apesar de metrópole, o Rio de Janeiro é bucólico. Não obstante ser um centro urbano, a cidade é dona de uma floresta gigante. Morar no Alto da Gávea, no Horto ou no Alto da Boa Vista é estar dentro da Mata Atlântica. Por conseguinte, observar a sazonalidade de cada local e os frutos que a terra dá, mês a mês, é uma obrigação de todo bom cozinheiro. O alimento fresco é o que mais vai fazer pela sua receita. O alimento que não viajou, não foi enlatado nem contém conservantes é sempre melhor, não importa de que cozinha estejamos falando, porque essa é uma regra universal. Na Europa, existe uma preocupação de se comer o que é fresco e apreciar cada ingrediente no momento adequado. Por conta de sempre comprar muito de cada alimento em sua respectiva safra, eu me habituei há algum tempo a fazer compotas, conservas e terrines — e a guardá-las na geladeira, no caso das conservas e compotas, e no congelador, no caso das terrines. Normalmente, no Carnaval (entre fevereiro e março), sobram carambolas no sítio da minha sogra, e eu volto de lá carregada. Faço os doces e as geleias que vou comer durante boa parte do ano. Aqui em casa, os mamões nunca amadurecem, e eu adoro, porque faço doce de lâminas de mamão verde que aprendi com a minha mãe. Sempre que eu tenho um pouco de cogumelos ou um alho- -poró que não vou usar, faço terrines. Tenho sempre um petisco feito em casa para uma visita de última hora, e isso funciona não apenas como forma de aproveitar os alimentos mas também como meio de se organizar. Aprecio a delicadeza de ir à casa de alguém e comer algo que o próprio anfitrião fez. Tenho coisas prontas para receber sempre, independentemente de o clima estar propício para eu ir para a cozinha. Aqueles morangos de fim de estação

< No calor desta cidade >

que sobram a preços baixos nas prateleiras dos mercados de atacado podem virar geleias. Quando outubro chegar, compre jabuticabas aos montes e faça caipirinhas. Por que usar lichias enlatadas? Tomates em promoção são raros ultimamente, então, quando encontrar, aproveite e faça uma conserva com azeite, juntando manjericão. Vá à feira comprar peixes frescos. Outra ideia versátil, sustentável e saudável é aproveitar os preços das boas safras de abóbora, cenoura ou batata-baroa para fazer sopas. Se estiver calor, faça sopas frias. A de alho-poró fica deliciosa. No nosso bufê, servimos uma sopa fria de cenoura com coco e gengibre. O agrião também se transforma em um creme delicioso que você pode fazer acrescentando apenas 1 batata média e 1 colher (sopa) de creme de leite fresco. Essa é a realidade de um país onde abóbora cresce até no lixo, maracujá se alastra muros acima e mangas caem pelas ruas. Aproveite!

< Saboreando o Rio >

Compota de carambolas
com damascos

RENDIMENTO: 1 POTE GRANDE

1,5 KG DE CARAMBOLAS CORTADAS EM ESTRELINHAS DE 0,5 CM ♥ 750 G DE AÇÚCAR ♥ 2 PAUS DE CANELA (DE APROXIMADAMENTE 7 CM) ♥ 2 L DE ÁGUA ♥ 150 G DE DAMASCO SECOS

> Preparo:

1. Coloque a carambola, o açúcar, a canela e a água em uma panela e deixe ferver. Abaixe o fogo e cozinhe com a panela destampada, por 30 minutos a 2 horas ou até surgir uma espuma amarelada, que é quando começa a engrossar.

2. Junte os damascos e cozinhe por mais 30 minutos.

3. Deixe esfriar e guarde na geladeira.

Dica:

O açúcar é um conservante eficaz, então você terá esse doce pronto na geladeira sempre que precisar de uma sobremesa. Essa compota pode ser servida com queijo de minas bem fresco, pode ser usada para fazer caipirinhas, para se pôr sobre um manjar ou pode até se usar uma ou outra compota de carambola ou de damasco em um prato salgado, como frango ou lombinho. Adoro misturar doce com salgado.

‹ Saboreando o Rio ›

Cada um tem um lugar neste mundo onde sua alma se acomoda melhor. O meu é no Leblon, no quadrilátero formado pelas ruas Visconde de Albuquerque, Dias Ferreira, Venâncio Flores e General Artigas. Entre idas e vindas da escola, da faculdade e do trabalho, durante 23 anos, foi entre essas ruas o lugar para o qual eu me dirigia ao voltar para casa. Nas férias, nós, adolescentes, nos escondíamos, nos entregando irresponsavelmente durante muitas horas a uma brincadeira de "polícia e ladrão" arrojada, na qual todo o quarteirão e os 19 andares do nosso prédio faziam parte. Exatamente atrás do nosso prédio, havia uma biblioteca municipal onde muitos de nós íamos ler durante as infindáveis horas que nossos amigos nos procuravam. Ali, naquelas ruas, também fazíamos coisas sozinhos como ir comprar cartolina na papelaria do seu Souza, no quarteirão seguinte, ou comprar balas no Ambrósio, que era o dono de, pasmem, um armazém — esse dinossauro dos mantimentos, que também vendia os refrigerantes Grapette, Teen e Crush, e já não existe mais. Do lado do armazém havia a Farmácia Edith, e ao lado dela o seu Joaquim, que também era dono de outra papelaria, mas menor que a do seu Souza. Eu sempre gostei mais do seu Joaquim, um português simpático e bom que, ao contrário do seu Souza, escutava bem e me liberava da necessidade de gritar para ser entendida. Ao longo dos anos fui vendo esses estabelecimentos se modificarem. O do seu Souza virou primeiro uma lavanderia a quilo. Depois, quando abriu um restaurante, o Flor do Leblon, o Ambrósio incorporou a parte que correspondia à papelaria do seu Sousa. Nos domingos, à noite, meu pai tinha o hábito de ligar para o Flor do Leblon e pedir "uma pizza de presunto bem passada" — não dá nem para eu tentar explicar o porquê do "bem passada" como recomendação imprescindível. Ou, então, pedia uma lasanha do Lasanha Verde, que ficava onde hoje é o restaurante Sawasdee. Atualmente, o Ambrósio e o seu Souza compõem o que é o Belmonte do Leblon. A Farmácia Edith, tão nossa, não sobreviveu e se transformou,

‹ Passa-se ponto no Leblon ›

por assim dizer, em uma dessas farmácias de cadeia. A biblioteca municipal tornou-se a Livraria Argumento da Dias Ferreira, e o nosso cantinho de leitura da antiga biblioteca é hoje o Café Severino. O estabelecimento do seu Joaquim, há alguns anos, virou um armarinho, no qual eu era muito bem atendida pelo seu filho quando precisava de aviamentos. A Dias Ferreira virou um polo gastronômico, e o preço do seu metro quadrado é um dos mais caros do Brasil.

Há tempos passei pelo seu Joaquim e, com uma nostalgia quase lusitana, li a placa que colocaram na frente da loja. Estava escrito: "Passa-se o ponto". No entanto, para a minha surpresa e alegria, apesar do fato de seu Joaquim ter fechado seu armarinho, foi ali que a querida Bel, que muito honra a gastronomia da cidade com suas trufas e bolos deliciosos, estabeleceu sua linda loja: Bel Trufas.

< Passa-se o ponto no Leblon >

Lasanha chique de domingo
(com queijo fresco e espinafre)

RENDIMENTO: SERVE DE 8 A 10 PESSOAS

» Para o molho:
1 LATA DE TOMATES PELADOS ♥ 1 DENTE DE ALHO ♥ ¼ DE XÍCARA (CHÁ) DE AZEITE DE OLIVA ♥ 1 COLHER (CHÁ) DE SAL

» Para os tomates assados:
4 TOMATES DO TIPO ITALIANO ♥ AZEITE DE OLIVA

» Para o recheio:
½ CEBOLA GRANDE ♥ 1 COLHER (SOPA) DE MANTEIGA ♥ 2 MAÇOS DE ESPINAFRE ♥ 100 ML DE CREME DE LEITE FRESCO ♥ NOZ-MOSCADA, SAL E PIMENTA-DO-REINO A GOSTO ♥ 500 G DE MUÇARELA DE BÚFALA FRESCA (EM FATIAS) ♥ 100 G DE QUEIJO GRANA PADANO RALADO

» Para a massa:
2 L DE ÁGUA ♥ 1 COLHER (SOPA) DE SAL ♥ 400 G A 500 G DE MASSA DE LASANHA *ou o quanto baste!*

> Preparo do molho:

1. Bata no liquidificador os tomates pelados cozidos com o alho e temperados com o azeite e o sal (depois do cozimento, despreze o dente de alho).

> Preparo dos tomates assados:

1. Preaqueça o forno a fogo médio.

2. Fatie os tomates e regue-os com um pouco de azeite, arrumando em uma ou mais assadeiras para levar ao forno por aproximadamente 20 minutos ou até que as fatias estejam douradas e sequinhas. Reserve.

> Preparo do recheio:

1. Pique a cebola bem fininha e refogue na manteiga até dourar.

2. Remova os talos de espinafre e acrescente somente as folhas, refogando-as junto com a cebola até murchar.

3. Bata tudo no processador e coloque novamente em uma panela, deixe secar mais um pouco. Adicione o creme de leite e tempere com noz-moscada, sal e pimenta. Reserve.

> Preparo da massa

1. Ferva a água com sal em uma panela grande e cozinhe a massa de lasanha uma a uma.

> Finalização da lasanha:

1. Intercale camadas de: massa de lasanha cozida, muçarela, tomates assados cobertos com o molho de tomate e o creme de espinafre, colocando a muçarela sempre após o espinafre e o tomate. Finalize com uma camada de massa coberta com o grana padano. Leve ao formo por cerca de 30 minutos até a massa borbulhar e o queijo gratinar.

《♡♡♡》

No baile do boteguim carioca

< Saboreando o Rio >

Nossa cidade amanhece como se todo dia fosse uma festa. O tom dourado da manhã que vai dar no azul do mar alimenta nossa gente. E, quando anoitece, a festa tem início. A gente se encontra e se esbarra nas esquinas, entre sucos, jornais, chopes ou temakis. No vaivém se arruma um trabalho, se vende um carro, alguém chama para uma balada. No Rio, conhecer garçons, mendigos e flanelinhas é lei, porque aqui o mundo é realmente pequeno. No Rio todo mundo é primo do primo, amigo do amigo, estudou na mesma escola, morou na mesma rua, jogou vôlei junto na praia ou já se sentou na mesma torcida no Maracanã, o que categoricamente faz dos encontros verdadeiras celebrações. A alegria é tanta que ninguém se contém e todos dizem com euforia: "Passa lá em casa!" E realmente isso não quer dizer nada além de que a alegria do encontro é tanta que seria maravilhoso poder repeti-la em um segundo momento — que não vai ocorrer. Faço questão de falar até com quem eu acho que vai tentar fingir que não me viu, incitando um clima de gente de bem com a vida. É possível que eu o irrite com isso tudo, e você pode estar achando que eu "coloquei os óculos-cor-de-rosa" ou que eu falo de como eu gostaria que tudo fosse. Nem é isso. Apesar de tantas inconsistências, consigo ver além dos problemas, e é como se aqui o tempo nunca fosse suficiente. Frequentemente falta tempo para tanto baile. A vida se passa aqui sem timidez, e a arte chama a gente para fora.

O Rio é a cidade das festas e dos bares. E na gastronomia dos bares o que mais me inspira é a influência portuguesa nos botequins cariocas. Um déjà-vu de algo que não é exatamente nosso, mas do nosso avô, ou daquele amigo português do nosso avô. No verão ou no inverno, em casa, na praia, com cerveja, vinho branco ou cachaça, a frigideira de frutos do mar é a cara do azul ensolarado da cidade. Fácil e chique, como esse Rio do qual eu não me canso.

‹ Saboreando o Rio ›

Frigideira de frutos do mar

RENDIMENTO: SERVE 8 PESSOAS

1 KG DE CAMARÃO CINZA MÉDIO ♥ 3 LULAS MÉDIAS ♥ 5 FILÉS DE CHERNE, DOURADO OU ROBALO ♥ SAL E PIMENTA-DO-REINO A GOSTO ♥ SUCO DE 1 LIMÃO (OPCIONAL) ♥ 1 COLHER (SOPA) DE AMIDO DE MILHO ♥ 1 COLHER (SOPA) DE CEBOLINHA ♥ 2 PIMENTÕES AMARELOS ♥ 2 PIMENTÕES VERMELHOS ♥ 4 COLHERES (SOPA) DE AZEITE DE OLIVA ♥ 1 COLHER (CHÁ) DE ALHO PICADO FININHO

> Preparo:

1. Limpe os camarões e as lulas, cortando estas últimas em rodelas.

2. Tempere o peixe e os frutos do mar, se frescos, com sal e pimenta-do-reino por algumas horas. Se forem comprados congelados, adicione limão para temperá-los. Passe-os no amido de milho e reserve.

3. Pique a cebolinha e o alho bem finos e os pimentões em cubos pequenos.

4. Ferva os cubos de pimentão e lhes dê um choque com água gelada. Retire-os da água e reserve.

5. Aqueça uma frigideira grande com o azeite e refogue o alho até alourar. Coloque o peixe e os frutos do mar e doure-os delicadamente, tomando cuidado para o peixe se desfazer o mínimo possível. Junte os cubos de pimentão, ajuste o azeite e salpique a cebolinha.

6. Sirva com arroz branco ou com batatas ao forno com alecrim.

Carnívora, de carne, osso e alma

♡ ♡

< Carnívora, de carne, osso e alma >

Eu estava aqui em pé esperando você chegar. Devia estar com uma cara feroz de quem estava tomando conta da esquina. Você demora muito. O problema de esperar demais é que começamos a repensar a pessoa que estamos esperando. Por exemplo, nós bem que poderíamos ir a uma churrascaria. Há anos que eu não vou a uma... Esse negócio de você ser vegetariano às vezes me irrita. Eu posso comer todos os bichos do mundo. E posso também não comer nenhum. Depende do dia, sabe? Posso comer todas as plantas, cogumelos, ovos, gelatinas. Gelatina é de origem animal, e você come, eu já vi! Já vi também cometerem os maiores enganos gastronômicos em nome de... do que mesmo? Às vezes eu acho que é em nome da saúde, porque o que não falta é gente querendo ser perfeita nesta cidade. Outras vezes acho que é para proteger os bichinhos. Mas e as plantas? Eu fico pensando. Outras vezes, juro, acho mesmo que é para fazer parte de um grupo. Grupo dos que ditam regras. E obviamente estão sempre as mudando, só para nos confundir. Só que eu realmente não o considero um ser humano mais polido só porque você não come carne. E também não me acho áspera ou indecorosa porque eu como. Mas, como você sabe, a transparência me revela por inteiro, e, quando isso ocorre, sou como carne crua. É claro que, por ser humana e primitiva, deixo que dos meus olhos escapem palavras, quaisquer palavras, inclusive as que denunciam o pior e o melhor de mim, aquelas que em sã consciência eu não diria. Um chinês vai conseguir ler nos meus olhos as palavras que deles escapolem, num lapso rudimentar, mesmo que eu não fale palavra alguma no idioma dele. E agora me diga, como é que uma pessoa dessas, que se despe por inteiro na frente de um desconhecido, haveria de não comer carne? A natureza de um ser assim não permite que ele venha a esse mundo com privações. Só não poderia imaginar, na mais diligente observância desse meu caráter intenso, selvagem e exageradamente translúcido, é que você chegaria aqui hoje, depois dessa espera toda, me olharia e perguntaria se eu queria ir a uma churrascaria. Francamente... É tudo de uma franqueza inacreditável. Prescinde da polidez das palavras. Praticamente cru.

‹ Saboreando o Rio ›

Bolinhos de picadinho

RENDIMENTO: APROXIMADAMENTE 30 BOLINHOS

1 XÍCARA (CHÁ) DE FEIJÃO ♥ 2 DENTES DE ALHO AMASSADOS ♥ 3 COLHERES (SOPA) DE AZEITE DE OLIVA ♥ 1 FOLHA DE LOURO ♥ SAL A GOSTO (PARA O FEIJÃO) ♥ 1 DENTE DE ALHO PICADO ♥ 1 XÍCARA (CHÁ) DE ARROZ ♥ 2 XÍCARAS (CHÁ) DE ÁGUA ♥ 1 CEBOLA MÉDIA ♥ 1 COLHER (SOPA) DE MANTEIGA ♥ 300 G DE CARNE DE PATINHO MOÍDA ♥ SAL E PIMENTA-DO-REINO A GOSTO (PARA A CARNE) ♥ 3 COLHERES (SOPA) DE FARINHA DE TRIGO ♥ 3 OVOS (SOMENTE AS CLARAS) ♥ 500 ML DE ÓLEO DE SOJA PARA FRITAR ♥ 3 BANANAS-PRATA ♥ ½ COLHER (SOPA) DE MANTEIGA ♥ 1 RAMO DE SALSINHA

> Preparo:

1. Escolha o feijão e o coloque-o na panela de pressão - cobrindo-o com água até 3 cm acima de seu volume. Deixe cozinhar por aproximadamente 30 minutos.

2. Doure o alho amassado em 2 colheres (sopa) de azeite, acrescente-o ao feijão, temperando-o com a folha de louro e sal, e deixe-o ferver por alguns minutos para o tempero apurar. Reserve-o. Você usará 2 xícaras (chá) desse feijão pronto, independentemente da quantidade que render.

3. Doure o alho picado em 1 colher (sopa) de azeite. Misture o arroz e refogue-o com o alho, por 2 minutos, com a ajuda de uma colher de pau. Acrescente a água. Salgue e tampe a panela. Se necessário, acrescente um pouco mais de água fervendo para terminar o cozimento. Reserve. Você usará 2 xícaras (chá) desse arroz pronto, independentemente da quantidade que render.

4. Pique a cebola bem fininha e a refogue na manteiga. Quando dourar acrescente a carne, sal e pimenta-do-reino. Vá mexendo até a carne ficar cozida. Reserve.

5. Em uma tigela, misture o arroz, o feijão, a carne e a farinha de trigo. Misture e faça pequenos bolinhos. Aperte-os com as mãos para que tenham um formato redondo e achatado.

6. Coloque as claras em uma bacia para passar os bolinhos antes de fritar cada um.

< Carnívora, de carne, osso e alma >

7. Corte a banana em rodelas e grelhe em uma frigideira com ½ colher (sopa) de manteiga.

8. Arrume os bolinhos em uma travessa com uma fatia de banana grelhada por cima temperando com a salsa picada e corrigindo o sal se necessário.

Do crepe para o altar

‹ Saboreando o Rio ›

As feministas vão querer me matar: mas casar é o sonho de toda mulher. Apesar de negar — assim como muitas outras mulheres — essa vontade durante um tempo, quando retornei dos Estados Unidos, em 2000, decidi encontrar um marido. Antes de voltar ao Brasil, fiz uma viagem linda com uma amiga da Costa Rica, a Dyalá. O roteiro? É claro que era gastronômico. Saí de Washington, D.C., direto para Lisboa, disposta a provar delícia por delícia. Não que eu seja muito gulosa, mas em Portugal a minha fome aumenta. E muito. Comi bacalhaus e doces cujas lembranças até hoje endorfinam meu cérebro. De lá, fomos para Paris, onde a comilança continuou.

Com o firme propósito de me casar, em Lisboa entrei na catedral de Santo Antônio e fiz uma promessa. Uma não, duas. Pedi para Santo Antônio para a minha amiga casar também, mas não disse nada a ela, nem perguntei se podia, só contei a ela depois sobre a minha promessa. Entregue a Santo Antônio, em pouco tempo me esqueci do pedido e, o que é pior, não lembrava o que havia prometido em troca.

Chegando ao Brasil, comecei a arrumar minha casa, um apartamento delicioso que aluguei em cima do Celeiro, na Rua Dias Ferreira, no Leblon. Meu contêiner chegou, e com ele o fogão e a geladeira dos meus sonhos. Quando me recordo desse meu apê — que foi o primeiro no Rio que abrigou todas as minhas coisas, meus livros, minhas fotos e a minha vida, sem que estivessem espalhados por várias casas —, recordo também o início de *Breakfast at Tiffany's* em que o narrador relata que, quando colocava as mãos no bolso e tocava as chaves do apartamento que abrigava o seu mundo em algum lugar do East Seventies em Nova York, me dava um frio na barriga. E era assim mesmo que eu me sentia quando pensava naquele meu pedaço de mundo, tão meu, com paredes amarelas e flores frescas toda sexta-feira de manhã.

< Do crepe para o altar >

Tudo isso para chegar ao ponto desta história em que a promessa — ou o milagre, como costuma dizer meu marido — se concretizou. Eu o conheci exatos 45 dias após retornar ao Brasil, em uma festa de Santo Antônio na Rua da Matriz que há anos eu frequentava. Começamos a sair e não muito tempo depois ele dormiu lá em casa pela primeira vez. Minha geladeira, que estava invariavelmente lotada, trazia naquele dia apenas um vidro de funghi porcini hidratado, além de ovos, manteiga e leite. As opções de café da manhã, para um casal preguiçoso em início de namoro, eram restritas.

Perguntei o que ele queria comer, e ele me disse que adoraria comer um crepe "tipo aquele do Chez Michou". Indignada com a audácia, mas feliz por estar prestes a encontrar uma solução para o nosso café da manhã vinda daquela geladeira depenada e sem precisar sair de casa, disse: "Isso sai!" Fiz os crepes de funghi que costumava fazer nos brunches que eu oferecia quando morei em Washington, D.C. Diz o meu marido que foi ali que ele decidiu casar comigo. O amor é brega e aquela máxima de que se pega o marido pelo estômago nunca foi tão verdadeira.

O restante não fica muito difícil de imaginar. Como é comum ocorrer com todo casal em que a mulher mora sozinha — portanto, o pretendente encontra uma casinha--bonitinha-arrumadinha-cheirosinha —, via de regra ele abandona a casa dele e literalmente se aboleta na casa da mulher. Com a gente foi exatamente assim, e seis meses depois marcamos a data.

Quando liguei para dar a notícia, Dyalá me lembrou da promessa a Santo Antônio. E eu recordei a que secretamente também havia feito por ela. Mas esqueci o que tinha prometido em troca. Para mim e para ela. O fato é que, um ano depois, eu estava na *mairie* de Paris, onde Dyalá e o noivo moravam, assistindo a mais um casamento. Viva Santo Antônio!

< Do crepe para o altar >

Crepes de cogumelos porcini

RENDIMENTO: SERVE DE 4 A 6 PESSOAS

» Para a massa:
½ XÍCARA (CHÁ) DE FARINHA DE TRIGO ♥ 2 OVOS ♥ ¾ DE XÍCARA (CHÁ) DE LEITE ♥ ½ COLHER (CHÁ) DE SAL

» Para o recheio:
1 CEBOLA PEQUENA ♥ 2 XÍCARAS (CHÁ) DE COGUMELOS PORCINI HIDRATADOS ♥ ¼ DE XÍCARA (CHÁ) DE MANTEIGA ♥ 1 XÍCARA (CHÁ) DE CREME DE LEITE FRESCO ♥ ¼ DE COLHER (CHÁ) DE SAL ♥ PIMENTA-DO-REINO MOÍDA NA HORA A GOSTO

» Para o molho para gratinar:
¼ DE XÍCARA (CHÁ) DE MANTEIGA ♥ ¼ DE XÍCARA (CHÁ) DE FARINHA DE TRIGO ♥ 2 XÍCARAS (CHÁ) DE LEITE FERVENDO ♥ 3 COLHERES (SOPA) DE CREME DE LEITE ♥ ½ XÍCARA (CHÁ) DE QUEIJO GRUYÈRE ♥ SAL E PIMENTA-DO-REINO A GOSTO ♥ 1 COLHER (SOPA) DE PARMESÃO

> Preparo da massa:

1. Misture a farinha, os ovos, o leite e o sal e bata na batedeira em velocidade suave. Deixe descansar por 1 hora em temperatura ambiente.

> Preparo do recheio:

1. Pique a cebola em cubinhos e os cogumelos em pedaços. Doure a cebola levemente na manteiga, acrescentando em seguida o funghi. Adicione o creme de leite e misture. Tempere com sal e pimenta-do-reino a gosto.

> Preparo do molho para gratinar:

1. Para fazer o molho para gratinar, misture a manteiga com a farinha em uma panela e mexa até dourar levemente. Junte o leite e mexa sem parar até formar um molho branco mais grosso. Acrescente o creme de leite, o queijo gruyère ralado, o sal e a pimenta-do-reino.

‹ Saboreando o Rio ›

› Finalização do crepe:

1. Aqueça uma frigideira antiaderente de 25 cm de diâmetro pincelada com um pouco de manteiga. Espalhe meia concha da mistura da massa do crepe na frigideira e deixe-a assar até que a borda comece a desgrudar da frigideira. Com a ajuda de uma espátula de inox, vire para assar os dois lados. Repita até que toda a mistura tenha sido usada.

2. Coloque 1 ou 2 colheres (sopa) do recheio no centro de cada crepe e dobre as bordas formando um quadrado. Vire para que a parte sem dobras fique para cima e arrume os crepes em uma travessa refratária.

3. Cubra os crepes na travessa com o molho para gratinar e polvilhe o parmesão ralado. Leve a travessa ao forno por 20 minutos ou até que os crepes estejam gratinados.

- ♡♡ -

Dica:
Se preferir, não é necessário fazer o molho para gratinar. Faça os crepes em formato de cones e coloque salsa, cebolinha ou algum broto na parte aberta. Fica um charme!

LLLLL ♡ ♡

Memórias do Rio...

Falar do Rio e não falar de Búzios é a mesma coisa que falar de Búzios e não falar do Chez Michou, a creperia estabelecida em 1982, quando Búzios deixava o status da vila de pescadores que fascinou Brigitte Bardot para se tornar um balneário chique. Chez Michou foi a primeira creperia carioca e resultou da associação de empreendedores belgas e argentinos. Tornou-se famosa pela maneira despojada como os argentinos chamavam aos berros os clientes pelos nomes para avisar que os crepes estavam prontos. Por conta da perfeita adequação ao espírito carioca, o Chez Michou conta hoje com franquias pela cidade.

Raízes na praia

⟨ Saboreando o Rio ⟩

Todos os dias, o pescador Esmael levava o peixe e era irresistível: logo arrancávamos os olhos. Ficava, então, aquele peixe, sem olhos, nos olhando. Às vezes eram dois peixes e, de vez em quando, ele também trazia camarões, tudo sempre com muito cheiro de mar. Depois, quando não havia mais nada para fazer, andávamos descalços e logo pisávamos nos espinhos sobre a areia. Não sei o nome daquilo, mas não doía. Havia ainda os tatuís, que não serviam para nada mesmo, mas era preciso caçá-los, e nós ficávamos lá, por duas, três horas. Em dado momento, a mamãe se lembrava de que nós existíamos e, da varanda de casa, chamava as duas crianças, já bem dentro do mar: "Criaaaaaaaaaanças, venham almoçaaaaaaaar!" E, então, o eco da praia deserta alcançava nossos estômagos.
Da memória espremida ao máximo, destilo uma nuvem de imagens embaralhadas. Um porco sobre brasas, assando no meio de uma roda de pessoas, algumas de sarongue, outras ainda de maiô, sob um clima de fim de tarde temperado pelos aromas da cerveja e do carvão, tudo rodeado por uma cerca de arame em um espaço rústico com alguma vegetação, de onde vinham um batuque e umas vozes cantarolando um samba. A casa escura tinha lampiões por toda parte, que incitavam o conflito entre o cheiro de querosene e o nosso perfume de sabonete Phebo Odor de Rosas® — o que ficava ainda mais evidente nas peles queimadas pelo sol, em uma época ausente de qualquer prevenção. Esteiras de palha na grama na frente da casa, a minha tia, ao meu lado, tentando me fazer dormir, olhando para um céu crespo de estrelas e para um mar mais bravo que o de manhã, mas ainda bem inocente. Dentro de casa, a fumaça dos espirais e a dos cigarros se misturavam frente à luz branca do gerador, que nos permitia enxergar com clareza o único caminho das camas modestas de colchões sobre alvenaria. Por fim, um Chevette branco em frente a uma rede, uma menina com uma fita amarrada na testa, um menino com um *hamster* na mão e um fim de semana pela frente. Assim era Geribá, em Búzios, em 1977.

< Raízes na praia >

Das coisas simples que se serviam à época, lembro que, se andássemos para o canto esquerdo de Geribá, encontraríamos, praticamente isolada, uma barraca, em que uma senhora chamada Dalva vendia cerveja, pastéis e empadas. Tempos que não voltam. Foi aí que eu passei a gostar de empadas.

‹ Saboreando o Rio ›

Empada de camarão
com palmito cremoso

RENDIMENTO: DE 10 A 12 EMPADINHAS

›› Para o recheio:
150 G DE CAMARÃO CINZA MÉDIO (LIMPO) ❦ PIMENTA-DO-REINO E SAL A GOSTO ❦ 1 DENTE DE ALHO PICADO BEM FININHO ❦ 2 COLHERES (SOPA) DE AZEITE DE OLIVA ❦ 150 G DE PALMITO ❦ 1 RAMO DE SALSINHA ❦ 100 G DE CATUPIRY® ❦ SALSINHA PICADA ❦ 2 A 3 GOTAS DE PIMENTA-MALAGUETA

›› Para a massa:
1 ½ XÍCARA (CHÁ) DE FARINHA DE TRIGO ❦ ½ COLHER (CAFÉ) DE SAL ❦ ½ XÍCARA (CHÁ) DE MANTEIGA ❦ 3 COLHERES (SOPA) DE ÁGUA GELADA ❦ 2 OVOS (SOMENTE AS GEMAS)

› Preparo do recheio:

1. Tempere os camarões com pimenta-do-reino, sal e alho.

2. Esquente o azeite em uma frigideira e sele os camarões.

3. Adicione o palmito cortado em rodelas e depois em quartos e as folhas de salsa picadas e deixe esquentar. Acrescente o Catupiry®. Acerte o sal e adicione 2 ou 3 gotinhas de pimenta-malagueta.

› Preparo da massa:

1. Misture a farinha de trigo, o sal e a manteiga. Quando for possível abrir a massa, acrescente a água gelada e continue trabalhando a massa com as mãos. Com um rolo de pastel, abra a massa.

2. Forre várias forminhas de empada, com a massa apertando com os dedos para que não fique muito grossa. Corte uma tampa para cada uma. Recheie e coloque a tampa, apertando com os dedos para juntar com a massa que forrou a forminha.

3. Após bater as gemas com um garfo, espalhe-as com um pincel sobre a tampa de cada empada.

4. Leve as empadas ao forno em temperatura média em uma assadeira por aproximadamente 30 minutos.

<<< ♡ ♡ ♡ >>>

< Saboreando o Rio >

Tome essas flores, porque hoje eu sonhei com você. Sonhei com o seu sítio, num brinde à inspiração. Você e o seu mundo me inspiram há mais de vinte anos. E, também há muitos anos, quando as sensações desse mundo me lembram de que estou viva, chamo, então, as minhas filhas para viver um ponto no tempo que eu pretendo que se eternize. Flutuando para aquele pedaço de magia, senti muitas vezes o impulso de chamá-las para desfrutar o que vem da terra. O cheiro da chuva no mato. O carvão queimado, perdido na mata. O prateado da serra que bate no morro e entorpece a vista de quem se deita contra a ribanceira da piscina. As nuvens que estão tão perto de um mundo tão privado. O silêncio, nobre silêncio. Você se utiliza dos tons mais belos daquela aquarela para pintar o futuro dos outros com nitidez e segurança estética, e, quando eu estou com você, sei que nada de mal vai me acontecer. A hospedagem no quarto, com vasos de alecrim, moringas e velas, organizou algumas incertezas e afagou uma alma cansada, em desordem. Nessas flores estão o reconhecimento daquilo que o contraste dos muitos verdes com o azul do céu fez com um coração inquieto. Flores que suspiram para contar que o convívio na Serra assentiu aquele choro velado que não jorrava há tempos. Por medo, pelo obscurantismo de perceber que ele estava ali ou pelo constrangimento de ter vontade de chorar. Com a alma afrouxada com as risadas e as conversas regadas a vinho, saí, mas deixei um pouco de mim lá também. Respaldada pela intensidade das suas certezas — quando se trata da minha vida —, imaginei que poderia sim, sem dúvida, me comportar com serenidade até que a sorte desse conta de mim e virasse esse jogo. Saí de lá certa de que naquelas camas muitos casais se amariam e olhariam o mundo com as paletas de cores que só a sua casa tem, em molduras de janelas que apenas o amor vê, um mundo nu. Em outras palavras, quero dizer que nenhuma outra terapia poderia me colocar tão de pé como fez aquele pedaço de chão onde vi a natureza se manifestar com uma audácia rara, que, não por coincidência, também é própria de você. Reparadas

< Na Serra >

algumas lesões, regressei para o recomeço que eu tanto buscava. Amo você. Para sempre.

Ao retornar do sonho, por algum motivo, passei pela lojinha de cocadas. E, com a boca adocicada pelo sabor da minha infância feliz, respirei aliviada. Meus olhos se fecharam lentamente, e o meu corpo, protegido pelo sossego, obedeceu com tranquilidade à ordem clara que aquilo tudo me dava: "Calma."

< Na Serra >

Cocada cremosa

....

RENDIMENTO: 10 COCADAS

300 ML DE ÁGUA ♥ 1 ½ XÍCARA (CHÁ) DE AÇÚCAR ♥ 1 COCO, DE TAMANHO MÉDIO, FRESCO RALADO ♥ 1 LATA DE LEITE CONDENSADO

> Preparo:

1. Coloque a água com o açúcar em uma panela, misture e deixe ferver até obter uma calda transparente.

2. Despeje o coco ralado e mexa de tempos em tempos, até que a água seque e praticamente desapareça.

3. Adicione o leite condensado e continue mexendo.

4. Quando a cocada já estiver bem "unida" e praticamente <u>soltando do fundo da panela</u>, estará pronta.

5. Faça pequenas colheradas de cocada e coloque-as sobre uma folha de papel-manteiga uma folha de silicone ou, em uma bancada de mármore bem limpa, untada com um pouquinho de manteiga. Deixe secar para servir.

Colorindo as calçadas

‹ Saboreando o Rio ›

Podia ter esperado para sair do escritório com você, mas achei melhor fingir que o Rio era Paris e me sentar sozinha no balcão do Guimas. A garrafa de vinho branco à minha frente foi se esvaziando na exata proporção da minha capacidade de compreender as relações ao redor. E, quanto mais o vinho desaparecia, melhor eu escutava. A calçada repleta traduzia o óbvio: todo mundo quer ser amado. Mesmo em tempos em que os encontros virtuais operam em clara dissimulação da solidão, é preciso ostentar nas ruas aquela alegria inventada das fotos nas redes. Já seria propício se estivéssemos no auge dos feriados de novembro; em dezembro então, com esse cheiro de novidade no ar, a rua é irresistível. Inobstante, tem alguma coisa aqui dentro querendo jorrar que, ao mesmo tempo que pulsa, anseia como em qualquer mortal por perdão, por aceitação. Assim os reles mortais precisam colorir as calçadas para se tornarem dignos de um amor que só se revela quando todos saem para a rua. Continuo escutando atenta a tudo, sobretudo, às mulheres que reclamam dos homens. Também aos homens que fingem reclamar das mulheres, e, paradoxalmente, pesquiso os que estão em busca de sedução. Não da sedução material, dos que se querem sexualmente, mas a dos que se entendem felizes e procuram, longe da anistia coletiva, a satisfação nos seus próprios rituais. Seduzem-se a si próprios e nunca se sentem abandonados. Não precisam digitar freneticamente, na tentativa de não se configurarem sós. Essas pessoas existem, e estão em paz, não obstante a inverossimilhança diante de seres como você e eu. É como se pairássemos em uma atmosfera de sonhadores. E, em contraposição ao álcool que gradativamente faz elevar o volume de todos ao meu redor, tal como estaria aumentando o meu próprio se eu estivesse falando, o tom deles é adequado. Com seus pares, com seus filhos, com seus pais.

Avistei pela janela que você se aproximava, mas ainda longe. Observei seu caminhar. Um andar agitado, como se não quisesses perder nada do que se passava em cada

< Colorindo as calçadas >

canto das calçadas. Entre um suspiro e outro que direcionava as alternâncias do seu olhar, entendi que você procurava sem procurar. Tive pena e ao mesmo tempo orgulho da gente, quando, num sobressalto, descobri o nome dessa coisa pulsante e cíclica, muito viva, desafiadoramente incansável, que nos arrasta pelos braços quando descrentes e nos empurra num susto em tempos de monotonia, nos fere e nos protege. O nome disso é inquietude.

< Saboreando o Rio >

Frango do chef
(Esta é a minha interpretação do pratp de mesmo nome do restaurante Guimas.)

....

RENDIMENTO: SERVE 6 PESSOAS
1 KG DE PEITO DE FRANGO CORTADO EM FILEZINHOS ♥ 100 ML DE VINHO BRANCO ♥ 1 CEBOLA ROXA CORTADA EM CUBOS ♥ SAL E PIMENTA-DO-REINO A GOSTO ♥ 3 COLHERES (SOPA) DE AZEITE DE OLIVA EXTRAVIRGEM ♥ 600 ML DE REQUEIJÃO CREMOSO DE BOA QUALIDADE ♥ 500 G DE BATATA PALHA

> Preparo:

1. Tempere os filezinhos de frango com o vinho, a cebola, sal e pimenta. Deixe-os marinar em uma tigela com tampa durante a noite na geladeira.

2. Grelhe os filezinhos com azeite em uma frigideira ou grelha e corte-os em pedaços menores.

3. Divida o frango em pequenas tigelas refratárias ou coloque em uma única travessa grande. Cubra o frango com o requeijão e leve a travessa (ou as tigelas) ao forno por aproximadamente 20 minutos. Retire do forno.

4. Coloque batata palha por cima de cada tigela, ou da travessa, na hora de servir.

---> Prefira fazer uma batata palha caseira!

Junho

‹ Saboreando o Rio ›

A minha filha mais velha tinha 3 meses de vida e eu estava sofrendo com babás. Da vida de privacidade típica dos 20 anos de idade, aterrissei no mundo pouco reservado de quem precisa contar com funcionários em casa. Acabei empregando pessoas erradas, e, por conta disso, a palavra "intimidade" se evaporou da nossa vida. Um dia, minha amiga Bia me ligou e, talvez mesmo sem saber, me fez o maior favor que alguém poderia me fazer. Já se passaram 12 anos que a Lene veio trabalhar aqui em casa recomendada por ela. E quanto eu aprendi durante esse tempo! No primeiro fim de semana dela conosco, a Lene sofreu uma forte tonteira e, apesar dos inúmeros contratempos com as pessoas que já haviam passado pela nossa casa, algo me disse que com ela seria diferente. Percebi que ela estava passando por um momento delicado. Pouco a pouco, sua vida foi melhorando, tudo passou e eu ganhei duas coisas: a melhor babá do mundo e a lição de que se a gente quer receber a gente precisa dar.

De lá para cá, eu passei a ter, vivendo parte da semana na minha casa, uma amiga fiel, dedicada e divertida, que cuida das minhas meninas na minha ausência como se cuidasse das próprias filhas. A Lene traz de Nova Iguaçu, onde mora, e coloca nos armários das minhas filhas toda sorte de itens que porventura faltem, como meias, elásticos e pregadores de cabelo, sem me avisar ou pedir reembolso. Liga para indagar se quem a rendeu contou cada gota de remédio corretamente, cuida de tudo que é nosso com carinho. Botões pregados, sapatos sempre limpos, uma vez ou outra eu vejo uma bermuda nova feita da calça de uma das crianças que ela levou para casa, cortou e fez bainha. Isso sem contar que ela dirige o nosso carro e leva as meninas para o balé e para o inglês, quando eu preciso dormir mais um pouquinho. Ela sempre esteve em todos os aniversários das meninas, antes, durante e depois. Uma fada brilhante, tipo aquela da Cinderela, que com muito ou nenhum dinheiro transforma abóbora em carruagem. Houve uma época que meu marido estava viajando demais e eu ficava muito sozinha

< Junho >

nos fins de semana. Ah, como era bom tê-la me fazendo companhia, cozinhando, indo à praia ou às compras comigo e com as crianças. Nessa fase eu era quase casada com ela. Por falar em casamento, nunca vou esquecer os olhos dela marejados, chorando pelos cantos da casa, por mim, em um momento triste do meu próprio casamento. Há três anos, a Lene teve a segunda filha, que é a minha flor-morena dos fins de semana e dona do abraço mais abraçado que eu já recebi na vida. A Luiza é a sua segunda herdeira. Com suas mãos mágicas, a Lene faz os lindos bolos que perfumam a minha casa, fazendo com que eu possa mais fielmente me referir a ela como lar.

Entre tantas delícias que a Lene faz aqui ou na sua casa, foi experimentando seu bolo de aipim - feito com o mero intuito de não desperdiçar um quilo de aipim - que eu me inspirei para criar este meu. O aipim fresco de junho é a raiz deliciosa que nos coloca na frente do fogão para dar início às iguarias juninas.

< Junho >

Bolo de aipim com amêndoas

RENDIMENTO: 1 FÔRMA MÉDIA DE 30 CM DE DIÂMETRO

150 G DE AMÊNDOAS ♥ 1 COLHER (SOPA) DE MANTEIGA ♥ 1 KG DE AIPIM ♥ 3 COLHERES (SOPA) DE COCO FRESCO RALADO ♥ 4 OVOS INTEIROS ♥ 150 G DE MANTEIGA DERRETIDA ♥ 1 VIDRO PEQUENO (200 ML) DE LEITE DE COCO ♥ 500 G DE AÇÚCAR ♥ 1 PITADA DE SAL ♥ MANTEIGA PARA UNTAR

> Preparo:

1. Preaqueça o forno a fogo médio.

2. Despeje as amêndoas por 30 segundos em uma panela com água fervendo, retire-as e coloque-as em uma bacia com água gelada por 30 segundos. Envolva-as com um pano e esfregue-as até as cascas saírem completamente. Reserve as amêndoas besuntadas em 1 colher (sopa) de manteiga.

3. Descasque e rale o aipim na parte grossa do ralador. Misture com o aipim o coco ralado, os ovos, a manteiga, o leite de coco, o açúcar e o sal. Corrija o açúcar, se necessário. ---> *Coloque amor!*

4. Coloque a massa em uma assadeira grande untada com manteiga e leve ao forno em temperatura média por 30 minutos ou até que a superfície esteja dourada.

5. Retire a assadeira do forno apenas pelo tempo suficiente para cobrir o bolo com as amêndoas reservadas. Coloque a assadeira novamente no forno e asse por mais 15 minutos.

< Saboreando o Rio >

Acordei angustiada e precisei fazer com que esse texto saísse de mim. Fui ao passado, porque todo ano, quando essa data se repete, procuro fotos nossas e só encontro aquelas em lugares distantes, onde há muito tempo não vamos. Entendo que tudo mudou, sim, é verdade. Veja as roupas e os cortes de cabelos; tudo tão obsoleto. Sinto até um remorso ao ver que algumas coisas evoluíram, e como isso pode ter acontecido, se o mundo se acabou naquela manhã de 28 de dezembro de 1993? Minhas memórias mais recentes são profundamente incômodas. Elas me fazem pensar que você poderia estar aqui hoje, conhecer as minhas filhas, meus sobrinhos lindos e o meu marido, e não está. Então, prefiro a infância, porque essa está longe demais e não daria mesmo para ter sido tão longa a ponto de você ainda estar no meu mundo. Nessa época, meu irmão e eu éramos praticamente a mesma pessoa, respirávamos os mesmos ares e bebíamos dessa mesma fonte. Normalmente, almoçaríamos em casa, e a mamãe iria fazer alguma coisa, pois todos os restaurantes do Leblon teriam filas. Se você estivesse com muito dinheiro, iríamos ao Antiquarius, ou ao Le Relais, na Rua Venâncio Flores, comer aquele filé à Oswaldo Aranha de que você gostava, e o meu irmão iria pedir filé com fritas ou estrogonofe, que eram suas duas únicas opções. Se você tivesse um pouco menos de dinheiro, nós iríamos ao Panelão, que ficava nessa mesma rua, e o meu irmão, apesar de perdido, iria ficar feliz porque o quindim de lá era ótimo. Se você estivesse com pouco dinheiro, talvez nós fôssemos ao Jockey ou ao La Mole, sei lá por quê, com aqueles antepastos intermináveis; mas no Jockey o meu irmão iria gostar, pois tinha corrida de cavalo. Ao fim do almoço, que nunca era assim tão tranquilo, você me daria uma quantia de dinheiro, que as minhas amigas sempre achavam imprópria para o bolso de uma criança, explicando que uma menina tinha de sempre ter seu próprio dinheiro. Foram muitas as mesas em que sentamos, e, entre goles de uísque, você sempre tão poético, dava um jeito de me fazer chorar. Dizia invariavelmente alguma frase de efeito, cuja compreensão

< Segundo domingo de agosto >

era também inadequada para uma menina, mas que eu espertamente armazenava no peito sem traduzir e que, anos depois dali, me faria solucionar um conflito. Nossa vida era assim, o meu irmão tentava ficar um pouco mais alheio às suas tempestades, porque você fazia chover forte demais às vezes. Ai, que saudade desses temporais. Na vida de hoje os temporais não são filosóficos, são mundanos, é uma pena. Se você estiver lendo isso, por favor, dê um jeito de fazer chover forte com trovoadas na minha casa, porque vamos ficar aqui todos juntos, ouvindo os sons dos seus trovões, bebendo algum uísque e comendo um filé à Oswaldo Aranha, porque quase não se pede mais isso em restaurantes.

< Segundo domingo de agosto >

Filé à Oswaldo Aranha
do Le Relais
(Esta é a minha versão desse prato.)

RENDIMENTO: SERVE 6 PESSOAS

1 KG DE BATATA ASTERIX (CASCA ROSA) ♥ 400 ML DE ÓLEO PARA FRITAR ♥ 8 DENTES DE ALHO ♥ 4 COLHERES (SOPA) DE AZEITE DE OLIVA EXTRAVIRGEM ♥ ½ CEBOLA PICADA BEM FININHA ♥ 100 G DE MANTEIGA ♥ 300 G DE FARINHA DE MANDIOCA ♥ 1 KG DE FILÉ-MIGNON ♥ SAL E PIMENTA-DO-REINO A GOSTO ♥ 1 MOLHO DE SALSA PICADA BEM FININHA

> Preparo:

1. Faça batatas chips, cortando a batata em rodelas finíssimas com a ajuda de uma mandolina. Frite-as e reserve.

2. Pique os dentes de alho finíssimos e frite-os no azeite até que fiquem dourados. Escorra-os, descanse-os sobre papel absorvente e reserve-os.

3. Faça a farofa refogando a cebola na manteiga e adicionando a farinha de mandioca. Mexa sem parar e, quando estiver torrada, acrescente o sal. Reserve.

4. Corte o filé-mignon em bifes de aproximadamente 1,5 cm de altura. Tempere-os com sal e pimenta-do-reino e grelhe-os com um pouquinho de manteiga.

5. Para servir, esmigalhe as batatas chips e misture-as com o alho, a farofa e a salsinha. Se desejar, acrescente arroz, que é como serviam no Le Relais. Eu me lembro...

saudade...

< Segundo domingo de agosto >

Quindim

....

RENDIMENTO: ENTRE 30 E 40 QUINDINS, VARIA DE ACORDO COM A FÔRMA UTILIZADA
21 OVOS (SOMENTE AS GEMAS) ♥ 350 G DE AÇÚCAR ♥ 100 G DE COCO RALADO ♥ 2 COLHERES (SOPA) DE MANTEIGA DERRETIDA ♥ MANTEIGA E AÇÚCAR PARA UNTAR

> Preparo:

1. Separe as gemas e peneire-as.

2. Com as gemas misture o açúcar, o coco ralado e a manteiga.

3. Unte as forminhas com manteiga e açúcar e encha-as com a mistura. Deixe descansar por 2 horas para o coco ficar separado dos ovos.

4. Coloque no forno para assar em temperatura média, em banho-maria, por 40 minutos ou até que o coco na superfície tenha ficado levemente moreno. *e lindo!*

5. Para remover os quindins, passe uma faca na lateral.

Chuva no Rio

< Saboreando o Rio >

Não tem nada melhor que ficar em casa, mas o carioca tem uma obrigação de sair em dias ensolarados. Então, quando chove, a vida fica perfeita. Não há como aproveitar o sol e com isso ganhamos autorização para perder quanto tempo quiser. Aí vale qualquer fórmula: ler o jornal vagarosamente enquanto se toma um café da manhã de 4.000 calorias, arrumar armários e trocar inocentemente algumas coisas de lugar ou até olhar para o nada, tirar sonecas entre um capítulo e outro de um livro, e passar o dia todo de pijama e pantufas. Os cinemas têm normalmente os maiores índices de ocupação por cariocas em dias chuvosos, já que eles nunca sabem onde vão se enfiar. Televisão só se meu marido não estiver em casa, pois, senão vou passar o dia todo ignorando os canais de esporte que ele vai zapear na minha frente. Um dia de chuva no Rio de Janeiro é como um dia de muita neve em lugares mais frios, que nos dá uma rara opção de silêncio e solidão. No Rio é difícil estar só, já que a vida dos bares e das festas está sempre nos convidando para entrar e insistindo para que fiquemos para a saideira. A chuva nos convida a refletir e organizar os planos, os sonhos e os lares.

Em dias como esses, eu acabo nostalgicamente pensando em duas amigas, uma belga e uma italiana, com as quais morei por um tempo nos Estados Unidos. Éramos como irmãs e cozinhávamos sempre. Benedicte, a belga, e Ilaria, a italiana, adoravam cafés da manhã, e, em dias assim, não nos poupávamos de nada. Benedicte surgia com uns chocolates deliciosos que algum parente contrabandeava para a nossa casa. Ilaria sempre trazia panetones inesquecíveis - sem dúvida alguma, não há como ir à Itália e não os comer, não há outro jeito. Mas, para não matar ninguém de fome ou desejo, deixo aqui a receita de waffles, que é facílima e nos quais sempre se pode colocar o que quiser para torná-los ainda mais deliciosos.

< Chuva no Rio >

Waffles

....

RENDIMENTO: 4 WAFFLES DE 20 CM DE DIÂMETRO

1 XÍCARA (CHÁ) + 2 COLHERES (SOPA) DE FARINHA DE TRIGO ♥ 3 COLHERES (SOPA) DE AÇÚCAR ♥ 1 XÍCARA (CHÁ) DE LEITE ♥ 2 OVOS (GEMAS E CLARAS SEPARADAS) ♥ ½ XÍCARA (CHÁ) DE MANTEIGA DERRETIDA ♥ 1 COLHER (CHÁ) DE ESSÊNCIA DE BAUNILHA

> Preparo:

1. Misture a farinha e o açúcar. Adicione um pouco de leite e mexa bem.

2. Acrescente as gemas ao restante do leite. Bata até a mistura ficar cremosa.

3. Junte as duas misturas e a manteiga derretida.

4. Bata as claras em neve e acrescente-as aos poucos à mistura, adicionando a baunilha.

5. Use uma jarra para despejar a massa em uma chapa de fazer waffles. Deixe-os assar por 5 minutos ou até que estejam dourados. Retire os waffles com cuidado.

<<< ♡ ♡ ♡ >>>

Memórias do Rio...

No Rio havia algumas casas de chá famosas em que se comiam bons waffles: O Cirandinha, em Copacabana, que lá está há mais de cinquenta anos, faz parte das mais antigas da cidade. A Confeitaria Colombo ainda existe no Centro da Cidade, mas a tradicional que havia em Copacabana fechou há algumas décadas e abriu outra no forte de Copacabana. Havia também a Chaika de Ipanema, que infelizmente fechou em meados de 2012, depois de funcionar desde 1962. Ainda em Ipanema, o Chaplin, badalado nos anos 1970, também tinha um waffle maravilhoso. As imagens dessas casas de chá estarão sempre nas nossas memórias associadas a idas aos ótimos cinemas que havia em Copacabana e em Ipanema, nas ruas, não em shoppings.

A mulher carioca em casa

‹ Saboreando o Rio ›

Quando eu era pequena, assistia a um programa de culinária chamado *Cozinhando com arte*. Não consigo me lembrar em qual canal passava. Um dia, tentei convencer a Neide, que trabalhou por muito anos na nossa casa, a ver o programa comigo. Naquele dia, a minha adorada Neide estava mais mal-humorada que o normal e me disse: "Cozinhar com arte é cozinhar com a cozinha limpa, sempre." Com 8 anos de idade você não tem a exata dimensão da importância dessa frase, que se aplica não apenas para quem cozinha mas também para absolutamente tudo. Sem que isso se torne uma obsessão, organização e limpeza são essenciais para a saúde do corpo e da alma. Como boa carioca, quando o dia está chuvoso e não sei o que fazer, começo a resolver tudo o que está pendente em casa. Quando eu estou triste, começo pelos armários, gavetas, e deixo tudo ao meu redor parecer belo e perfumado, para que isso de alguma forma venha para dentro de mim.

Todos os dias de manhã, a Neide ligava o rádio de uma vitrolinha que eu tinha, e arrumava a casa ao som de um programa de samba de roda. Depois, íamos arrumar o meu quarto, e aí sim a vida podia começar.

Quero muito que as minhas filhas entendam o quanto a disciplina e a organização podem torná-las pessoas mais aptas à vida de hoje, mais elegantes e menos vulneráveis à confusão, à preguiça e até a perder coisas. Atitudes como se programar para a semana, separar lixo, doar coisas que não se usa, descartar o velho, quebrado ou destruído, consertar, reciclar, construir, limpar, devolver o que se pegou emprestado, plantar, arrumar e cozinhar. Não há nada melhor que receber flores agradecendo um jantar ou uma visita quando se está doente. Para isso é preciso organização. Cozinhar para si e para os seus e fazer do jantar uma celebração, com a família, com os amigos (ou até para acompanhar a si próprio com uma taça de vinho), deveria vir no DNA de

< A mulher carioca em casa >

cada um. As pessoas ultimamente andam esquecidas de que tudo isso denota elegância.

Apesar de o Rio ser uma cidade para fora de casa e, consequentemente, as pessoas receberem menos que seria desejável, poucas mulheres no mundo recebem com a naturalidade da mulher carioca. A carioca precisa de organização porque o dia só tem 24 horas e ela tem muito para fazer ao longo de um dia, como se exercitar, tomar sol e se cuidar.

A *voyeuse* que mora em mim sempre adorou entrar em casas cariocas e xeretar tudo. E passando boa parte do tempo em outros lares, como fruto do meu trabalho no bufê, é maravilhoso me deparar com ambientes harmônicos e agradáveis, com cores e cheiros. Uma delícia compartilhar do belo que conta a história de cada uma das minhas amigas e clientes, das fotos emolduradas e peças garimpadas em viagens. A mulher carioca detesta sujeira, e o ar do Rio é fresco, tornando nossos lares mais limpos e arejados. O despojamento típico desta cidade à beira-mar nos permite receber de sandálias, jogar almofadas no chão e receber contribuições como entradinhas e sobremesas de amigos que cozinham, independentemente do menu programado. Aqui tudo é permitido, desde que com limpeza, organização, charme e muita naturalidade.

Como coringa, essa receita de torta de peras é perfeita para levar a um chá com amigas pela cidade, a uma visita a alguém em recuperação ou para fazer em casa para as crianças comerem com sorvete de baunilha. Em todos os casos, é a prova mais cabal de que, na cozinha, organização e limpeza são fundamentais.

Saboreando o Rio

Torta de peras com canela

RENDIMENTO: 1 FÔRMA DE APROXIMADAMENTE 25 CM DE DIÂMETRO

» Para a massa "podre":
2 XÍCARAS (CHÁ) DE FARINHA DE TRIGO ♥ ¼ DE XÍCARA (CHÁ) DE MANTEIGA ♥ 2 COLHERES (SOPA) DE AÇÚCAR ♥ 1 PITADA DE SAL ♥ ¼ DE XÍCARA (CHÁ) DE ÁGUA GELADA

» Para o recheio:
6 PERAS CRUAS DESCASCADAS E CORTADAS EM FATIAS (PODEM SER SUBSTITUÍDAS POR MAÇÃS) ♥ 1 XÍCARA (CHÁ) DE CREME DE LEITE FRESCO ♥ ¾ DE XÍCARA (CHÁ) DE AÇÚCAR ♥ ⅓ DE XÍCARA (CHÁ) DE FARINHA DE TRIGO ♥ 1 COLHER (CAFÉ) DE CANELA ♥ 1 PITADA DE SAL ♥ NOZ-MOSCADA A GOSTO

> Preparo da massa "podre":

1. Limpe a bancada e organize os ingredientes em pequenas tigelas. Junte os ingredientes em uma bacia e misture-os com a mão até formarem uma única massa.

2. Adicione a água aos poucos, misturando bem, até que a massa fique homogênea. Abra a massa em uma fôrma redonda e de fundo removível de, aproximadamente, 25 cm, reservando um pedaço razoável da massa para cortar aproximadamente 8 tiras e colocar ao final sobre o recheio de ponta a ponta na fôrma de torta.

3. Leve ao forno alto por 5 a 6 minutos, ou até que tenha dourado. Retire do forno e reserve.

> Preparo do recheio:

1. Preaqueça o forno em temperatura alta.

2. Arrume as fatias de pera sobre a massa na assadeira.

3. Bata no liquidificador o creme de leite com o açúcar, a farinha, a canela e adicione uma pitada de sal e a noz-moscada ralada na hora.

< A mulher carioca em casa >

4. Despeje a mistura sobre as camadas de peras e corte com um cortador a massa em aproximadamente 8 tiras, para cobrir a assadeira fazendo um "jogo da velha".

5. Leve a torta ao forno por aproximadamente 30 minutos ou até que comece a dourar.

Dica:
A torta pode ser servida quente, com sorvete de baunilha.

⋘ ♡ ♡ ⋙

Memórias do Rio...

Eu me lembro de um senhor magro atrás do balcão da loja da Rua General Urquiza. Ele veio da Alemanha em 1939 e se chamava Kurt Deichmann. Abriu sua loja no Leblon em 1942 e fez dela, durante todo o tempo em que viveu, uma doceria na qual só se podia comprar doces e, no máximo, água, para não arruinar a degustação. E dali vem a minha memória de que um doce, para ser delicioso, não precisa ser muito doce. Imagino que essa receita da torta de peras é filha do *streuser* e da *strudel* do Kurt, que são lembranças dos Natais minha infância.

Liberdade, leveza e serenidade

‹ Saboreando o Rio ›

Eu entendo... Você ligou para marcar exames e não há data alguma anterior a seis meses. Essa é a média de espera. Sua operadora de telefone enviou uma conta com uma cobrança indevida substancial e você esperou duas horas na linha ouvindo aquele agradável "Senhora, mais um minuto por favor, estamos processando a sua reclamação." Você foi estacionar seu carro perto da praia, e o flanelinha, com um ar malandro, disse que ali "a rapaziada *tá cobrano derrr real*". Você soltou um palavrão daqueles e saiu com a sensação de ter se comportado como uma louca que briga na padaria. Essa é você às voltas com a distorção da realidade de viver em um paraíso turístico. Às vezes, sair desta cidade é fundamental para se conseguir fazer as pazes com ela. Na dúvida, arrume-se e perfume-se bem. Pegue suas melhores coisas, coloque-as em uma mala fácil de conduzir, porque você vai ter de viajar. O mundo se divide em dois tipos de pessoas: as que ficam e as que vão. Aí vai você. O quase excesso em sua bagagem a permite imaginar que, com muita sorte, e se o tempo cooperar, você vai até conseguir vestir um terço de tudo que está levando. Só que não. Vai ter o tempo que despenderia fazendo mais três ou quatro malas, com roupas para outros corpos, vai ter o tempo que não estará esperando as crianças irem ao banheiro. Vai sobrar tempo para parar nas bancas de jornal e xeretar uma a uma das revistas, sem ninguém apressando você. Vai poder sentar naquele balcão e se dar ao luxo de ser maquiada pela vendedora de cosméticos, testar absolutamente tudo, andar, andar e andar sem rumo e sem ter nada combinado com alguém. Contudo, no caso de a vida ser tão dura a ponto de não a deixar mesmo ir, fique, mas fique como quem vai. Em plena manhã de uma quinta-feira qualquer, desligue seu celular, ponha um tênis confortável, deixe o carro em casa e pegue o metrô. Desça na estação Carioca e de lá vá para Santa Teresa, mas não sem antes comprar algumas revistas. Ao chegar, sente-se em qualquer daqueles restaurantes, peça um vinho branco, uma cerveja ou uma caipirinha, se o clima for mais propício. Não exagere,

< Liberdade, leveza e serenidade >

pois o dia vai ser longo. Quando já tiver lido todas as revistas e relaxado, desça a pé até a Glória e almoce — sozinha mesmo — na Casa da Suíça. Vai ser interessante olhar a vida de uma quinta-feira de fora e brincar de adivinhar o mundo alheio. Depois você pode — e deve — andar até os cinemas da Rua Voluntários da Pátria, e, já que você não está na Europa, se dê a chance de assistir a um bom filme europeu. Se sair do filme inspirada, e eu aposto que vai, entre na Livraria da Travessa, ali mesmo, e permita-se escolher alguns presentes para você. Quando estiver voltando para casa, lembre-se de que nós não podemos evitar os dissabores, mas podemos dar à nossa vida os tons de liberdade, leveza e serenidade que queremos que ela tenha.

A seguir apresento minhas releituras de dois itens da Casa da Suíça.

< Liberdade, leveza e serenidade >

Batata rösti

RENDIMENTO: SERVE 4 PESSOAS
800 G OU 6 BATATAS ASTERIX (AS DE CASCA ROSA) MÉDIAS ♥ SAL E PIMENTA-DO-REINO A GOSTO ♥ 30 G DE BACON, CORTADO EM CUBINHOS ♥ 100 G DE MANTEIGA ♥ 100 G DE PROVOLONE RALADO

> Preparo:

1. Cubra as batatas, sem descascá-las, com água em uma panela e as cozinhe por aproximadamente 10 minutos a contar do momento em que a água começar a ferver. As batatas estarão ainda um pouco cruas.

2. Coloque as batatas em uma peneira com água fria e descasque-as. Rale-as usando a parte grossa do ralador.

3. Polvilhe sal e pimenta na batata ralada e misture tudo em uma tigela.

4. Em uma frigideira pequena, frite o bacon em um pouco de manteiga. Depois, misture-o com a batata ralada na tigela.

5. Coloque manteiga em uma frigideira maior e espalhe um pouco da mistura de batata. Vá derretendo manteiga pelos lados da frigideira para dourá-la.

6. Coloque um pouco do provolone ralado no centro da mistura de batata e cubra com uma outra camada de batata. Usando uma espátula, pressione bem para que forme um bolo bem compacto. Quando estiver bem dourado e durinho no lado de baixo, vire-o e jogue novamente manteiga nas bordas até a parte de baixo dourar.

‹ Saboreando o Rio ›

Musse de chocolate
com laranja

(Peço licença para introduzir a laranja como ingrediente.)

....

RENDIMENTO: 1 TIGELA MÉDIA OU 10 TAÇAS INDIVIDUAIS

RASPAS DE 2 LARANJAS (USAR SÓ A PARTE AMARELA, DESPREZANDO A PARTE BRANCA QUE É AMARGA) ♥ 200 G DE CHOCOLATE AMARGO ♥ 2 COLHERES (SOPA) DE CAFÉ, LÍQUIDO, JÁ COADO ♥ 40 G DE MANTEIGA ♥ 2 COLHERES (SOPA) DE AÇÚCAR ♥ 6 OVOS (GEMAS E CLARAS SEPARADAS)

› Preparo:

1. Amasse as raspas de laranja com o dorso de uma colher. Separe um pouco das raspas, as mais inteiras, para decorar ao final.

2. Em uma tigela de inox, coloque as raspas, o chocolate e o café, e misture. Coloque essa tigela em banho-maria em uma frigideira ou um wok, misturando até derreter completamente todo seu conteúdo. Adicione a manteiga, misture e reserve.

3. Bata as gemas com o açúcar, até ficarem pálidas e bem cremosas. Reserve rapidamente.

4. Bata as claras em neve até que estejam firmes. Reserve.

5. Adicione a mistura de gemas e açúcar à de chocolate depois de fria. Misture bem e acrescente delicadamente às claras em neve usando um batedor de arame para mexer até a massa ficar homogênea.

6. Distribua a musse em taças, decore com um pouco das raspas inteiras envoltas em açúcar e leve à geladeira. Deixe descansar por 4 horas antes de servir.

- ♥ ♥ ♥ ♥ -

‹ Saboreando o Rio ›

Abençoado seja este dia, porque hoje abri as janelas, e a luz estava tão linda, que eu resolvi fazer tudo diferente. Usei a mão esquerda, pois me disseram que era bom para evitar a caduquice. Não esqueço o passado recente, mas só as dores remotas, essas que eu já perdoei. A cada dia eu tenho menos inimigos e a eles não quero mesmo nenhum mal. Meu marido sempre diz que eu vou ser dessas velhinhas que falam sozinhas e vão gesticulando pela calçada, ensaiando broncas. De fato talvez ele já me olhe dessa forma, mas num ambiente imaginário consigo rir das possíveis ofensas dirigidas a ele: "Você fumou no banheiro! Não pagou a conta que eu pedi!" Mas eu queria mesmo é ser dessas velhinhas fofas e saradas que andam pelo calçadão de manhã pegando um solzinho, ou pela ciclovia em Copacabana de bicicleta, cantarolando, sorrindo e cumprimentando os conhecidos que passam. E por que não, daquelas lindinhas que não pintam mais o cabelo, mas os mantém compridos, na altura dos ombros, e dão uma espiadinha assim para o lado, quando passa um senhor bem-apessoado? Eu quero ser daquelas bem gentis e atenciosas, que compram presentes e dão fartas gorjetas para as manicures, cientes de que o tempo anda apressado e de que o dinheiro vai sobrar. Eu gosto de velhinhas de tênis e mochila. Se não fosse pedir muito, queria ser daquelas que buscam os netos na escola, ensinam-lhes músicas em francês, fazem expedições no playground com lupa e galochas, fazem bolos e mais bolos e trocam figurinhas. Quero saber de tudo muito até lá, mas Deus me permita e me ajude a ficar calada e nunca ostentar meus conhecimentos que me possibilitariam dar ótimos pitacos na vida alheia. Quero continuar tomando chopinho no Baixo Gávea, igual à velhinha de calça jeans, para quem no outro dia eu ouvi o Chico perguntar: "Um galeto ao Braseiro e um chopinho, dona Suzana?" O mais importante de tudo é que os meus amigos sejam poupados de eventuais acidentes que os levem prematuramente para que eu seja uma velhinha com 1 milhão de amigos, dessas que o celular não para de tocar, de quem as empregadas não reclamam,

< Velha assim um dia vou ser >

que estão sempre conhecendo um camarada novo. Mesmo que eu não consiga ser assim, tão *avant-garde*, que pelo menos os livros me salvem para que eu nunca precise de televisão em casa. Que as minhas filhas e os meus netos, que eu quero ter muitos, conversem as maiores obscenidades e façam as maiores barbaridades, todas e cada uma delas na minha frente. E que se eu não aguentar mais o meu marido, e sair por aí falando sozinha e gesticulando, como se o repreendesse... ah, meu Deus... nesse caso, por favor... eu imploro: nesse caso... me dê um bom amante! Amém.

O Braseiro da Gávea é o quintal dos cariocas da Zona Sul. É uma delícia sentar naquela varanda e comer alguma das poucas opções de pratos dali. Um petisco bom para fazer em casa mesmo é o pastel de queijo de minas, que lá eu sempre peço para acrescentarem cebola.

< Saboreando o Rio >

Pastel de queijo de minas
com orégano fresco e cebola roxa

RENDIMENTO: SERVE 8 PESSOAS

300 G DE QUEIJO DE MINAS FRESCO CORTADO EM CUBOS DE 0,7 CM ♥ ¼ DE UMA CEBOLA ROXA, CORTADA EM CUBINHOS DE 0,5 CM ♥ 1 RAMO DE ORÉGANO FRESCO ♥ 400 G DE MASSA DE PASTEL PEQUENA (DISCOS DE APROXIMADAMENTE 7 CM DE DIÂMETRO) ♥ FARINHA DE TRIGO PARA POLVILHAR ♥ ÓLEO PARA FRITAR

> Preparo:

1. Misture o queijo, a cebola e o orégano em uma tigela grande. Corrija o sal do queijo, se necessário.

2. Sem remover o plástico, arrume os discos de massa sobre uma superfície com farinha de trigo polvilhada. No centro de cada um, coloque 1 colher (chá) do recheio. Feche a massa formando um pastel e pressione as bordas com um garfo.

3. Leve ao fogo uma frigideira com óleo e, quando estiver bem quente, frite os pastéis de três em três, virando de um lado e do outro.

4. Deixe que o excesso de gordura seja absorvido colocando os pastéis, depois de fritos, em uma assadeira forrada com papel absorvente.

< Saboreando o Rio >

— Oi.

— Oi. Que foi?

— Vamos?

— Para onde? Tô cheia de coisa para fazer.

— Poxa, tô de saco cheio. Louco para sair fora daqui.

— Nem pensar. Estou cheia de coisas para fazer.

— Mas hoje é sexta-feira. A gente combinou que sairia e não voltaria, lembra?

— Isso, grita mesmo por esse buraco de ar-
-condicionado... [Nessa época não havia e-mail, facebook e muito menos WhatsApp; só telefone, menos eficaz e sigiloso que o buraco do ar-condicionado.] Fala alto que a gente vai embora agora, antes do meio-
-dia e não volta mais, só segunda-feira! Minha avaliação vai ser uma beleza!

— OK, vou ali ao banheiro e a gente sai.

— Eu não trabalho só para você, né?! Espera pelo menos eu terminar isso aqui que eu estou fazendo e mandar o fax. [Aparelho obsoleto, que transmitia cópias de documentos.]

— Tá. Mas não demora que eu vi que ele estava lá no arquivo. [Compartimento dos escritórios que se usava - do verbo não se usa mais - para arquivar documentos.] Se você demorar ele vai voltar, vai me chamar e aí já viu. Nossos planos vão para o beleléu.

(2 minutos depois)

‹ Sobe para Santa Teresa ›

— *Putz*, acredita que ele deixou mais um troço na minha mesa para eu mandar agora?

— Ah, você *tá* de brincadeira!

— Juro que não, mas é rápido. Deixa eu fazer senão eu não vou ter paz.

— Então, faz o seguinte: eu vou indo na frente, *te* espero na esquina da Rua da Carioca. É melhor. Se ele vir a gente saindo junto vai me azucrinar. De lá a gente pega um táxi.

— Fechado.

(20 minutos depois)

— *Pô*, foi plantar a árvore para arrumar papel para mandar o fax?

— Não, né!? Passei na Casa Cavé e comprei dois pastéis de nata. Vamos *pra* onde?

— Sei lá! Pega esse táxi aí! Que mania de doce que mulher tem!

(no táxi)

— Boa tarde, senhor!

— Boa tarde!

— Sobe, por favor, para Santa Teresa. Rua Almirante Alexandrino. Bar do Arnaudo.

< Saboreando o Rio >

Essas eram as horas que passavam mais depressa...
Passamos aquela tarde toda de sexta batendo papo,
falando mal dos outros e bebendo a cerveja mais gelada
que existe no mundo. Nenhum celular tocou, simplesmente
porque nessa época não havia. Hoje não tenho mais chefe
e não preciso mais escapar do trabalho com um maluco
que ficava me apressando. Mas, se o tempo me permitisse
voltar um diazinho, eu queria de novo experimentar uma
daquelas tardes em fuga para logo ali, em Santa Teresa.

<<< ♥
♥ >>>

‹ Sobe para Santa Teresa ›

Baião-de-dois

RENDIMENTO: SERVE 6 PESSOAS

» Para o feijão:
2 XÍCARAS (CHÁ) DE FEIJÃO-VERMELHO ♥ 8 XÍCARAS (CHÁ) DE ÁGUA ♥ 2 FOLHAS DE LOURO ♥ 5 DENTES DE ALHO ESMAGADOS OU CORTADOS BEM FININHOS ♥ 3 COLHERES (SOPA) DE AZEITE DE OLIVA ♥ SAL A GOSTO

» Para o arroz:
1 DENTE DE ALHO ESMAGADO ♥ 1 COLHER (SOPA) DE AZEITE DE OLIVA ♥ 1 ½ XÍCARA (CHÁ) DE ARROZ ♥ 3 XÍCARAS (CHÁ) DE ÁGUA

» Para a finalização:
240 G DE LINGUIÇA MISTA FININHA DEFUMADA ♥ 2 COLHERES (SOPA) DE AZEITE DE OLIVA ♥ 200 G DE QUEIJO COALHO PICADO EM CUBOS DE 1 CM ♥ 1 RAMO DE COENTRO (APENAS AS FOLHAS, PICADAS A GROSSO MODO)

› Preparo:

1. Em uma panela de pressão, cozinhe o feijão na água com o louro por aproximadamente 30 minutos. Pique e doure os dentes de alho em 3 colheres (sopa) de azeite. Tempere o feijão com o alho e sal a gosto e finalize o cozimento para obter mais textura no caldo do feijão. Reserve.

2. Em uma panela média, doure o dente de alho em 1 colher (sopa) de azeite. Refogue o arroz por aproximadamente 2 minutos e cubra-o com a água. Tampe a panela, deixe cozinhar por aproximadamente 12 minutos e desligue o fogo se o arroz estiver cozido. Reserve.

3. Fatie a linguiça e frite em uma frigideira com 2 colheres (sopa) de azeite. Reserve.

4. Ferva o feijão em uma panela grande, junte o arroz, misturando-os. Adicione a linguiça e o queijo coalho cortado em cubos pequenos, misturando sempre para que o queijo derreta. Por fim, acrescente o coentro e misture.

5. Misture e verta o conteúdo bem quente em uma travessa.

Dica: As receitas de baião-de-dois normalmente levam carne-seca, mas eu sempre preferi só com a linguiça defumada.

< Saboreando o Rio >

Diante da notícia de que a segunda também seria uma menina, o pai de vocês disse que alguém teria de jogar videogame com ele. Ainda incrédula com a notícia, desci as escadas rolantes da clínica em Botafogo segurando a barriga e pensando que agora o maior desafio seria encontrar um nome, já que o Antonio, nesta vida, já não viria daquela barriga. Imediatamente, a minha cabeça começou a trabalhar em meu benefício e dela transbordaram razões para eu me deslumbrar com a ideia de que na minha casa só haveria mulheres. Cliquei num aplicativo imaginário rosa e me vi dentro de uma verdadeira casa de bonecas, com quartos lindos, com vocês de avental fazendo bolos comigo, montando sozinhas as árvores de Natal todos os anos. Nada daqueles brinquedos grandes e desajeitados dos meninos, nada de confusão. Pensei muito, mas, por mais que eu pensasse, não conseguiria antever o que estava por vir.

A minha canceriana sonhadora, pura e guerreira, um dia me disse que iria morar na minha casa para sempre, mesmo depois de casar. Com aquela determinação inabalável? Duvido. Já a minha aquariana, que não para dentro de casa, vive se embolando com o cachorro e observa tudo ao redor com olhos de esteta apurada, não fez qualquer promessa. Nem foi preciso. Os cabelos dourados sempre ao alcance das minhas mãos, por onde quer eu vá, lhe fazem prescindir das promessas. Mesmo com os atropelos dos dias menos sortudos, vocês foram me ensinando a ensiná-las, me lembrando a me lembrar de vocês. Foi assim que a vida nessa casa de mulheres foi exigindo que eu tirasse cada vez mais o foco de mim e o pusesse sobre cada uma de vocês, para que, com o foco no lugar certo, eu pudesse me tornar enfim uma pessoa melhor. Irrelevâncias à parte, cuidei de acertar pequenas contas comigo mesma, admitindo equívocos e buscando um olhar mais generoso, sempre alimentando o exemplo, o melhor exemplo. Assim foi que um dia, em que vocês deveriam estar na escola, mas que por alguma razão estavam comigo, em casa, percebi o inesperado. Eu, que nunca

‹ Casa de mulheres ›

havia sido uma dessas figuras maternais clássicas, que giram em torno dos filhos, e que ainda tinha uma vida boêmia e de muito trabalho, olhando para vocês, percebi que vocês simplesmente foram fincando no chão da casa os pés de suas próprias existências, e haviam, singela e naturalmente, me conduzido àquilo que eu tinha então me tornado: uma mãe. Uso assim estas linhas, e as respectivas entrelinhas, caso escolham lê-las, para dizer a vocês em alto e bom som que foi fácil e indolor. "Vocês são leves, coloridas, espertas. Almas fêmeas que me rejuvenescem, que inflam de alegria a casa." Ouso dizer que foi quase inconsciente, involuntário. Fui sentindo amor sem me privar de coisa alguma e sem renunciar a nada. Quis que vocês tivessem uma mãe feliz e que, com base no que vissem, fossem capazes de escolher uma boa maturidade para vocês também. Quis que me vissem trepidar para o bem e para o mal, e decidissem sempre contra o insosso, o resignado, o morno e o medíocre. Que tivessem coragem para jogar tudo para o alto, para se mudar muitas vezes, para viver entre amigos e risadas com a casa cheia e a mesa posta. Fui fazendo isso, acho, sem perceber, seduzida pela brandura do que havia, do que vocês me pediam, do feitiço que havia em cada olhar que vinha na minha direção. E se vocês se tornaram essas pequenas mulheres das quais eu já tanto me orgulho, não me resta muito mais que pedir que haja tempo no futuro para eu desfrutar vocês por perto. Com vocês, moraria em qualquer lugar desse mundo e andaria por léguas, se fosse preciso, para achar um bolo de chocolate, uma carrocinha de churros ou uma caixinha de sorvete Eski-bon®. Hoje a casa de mulheres está na Gávea. Vamos, então, fazer um pacto de que este lar vai ser o que é por onde quer que passe, e que, mesmo que se desmembre em dois, três lares, vamos manter este lar dentro da gente, mesmo como memória do que ele foi um dia, com os nossos Natais, com o cachorro, com os nossos bolos, com as minhas flores, com a música do papai, com os amigos em casa, com todas as imagens, com todos os alicerces e com todas as raízes.

< Saboreando o Rio >

Bolo de chocolate

RENDIMENTO: 1 FÔRMA DE 25 CM DE DIÂMETRO

3 OVOS (GEMAS E CLARAS SEPARADAS) ♥ 1 XÍCARA (CHÁ) DE AÇÚCAR ♥ 1 XÍCARA (CHÁ) DE CHOCOLATE EM PÓ ♥ 3 COLHERES (SOPA) DE MANTEIGA DERRETIDA ♥ 2 XÍCARAS (CHÁ) DE FARINHA DE TRIGO ♥ 1 COLHER (CAFÉ) DE BICARBONATO DE SÓDIO ♥ 1 COLHER (SOPA) DE FERMENTO ♥ 1 XÍCARA (CHÁ) DE ÁGUA FERVENDO ♥ 120 G DE CHOCOLATE MEIO AMARGO (PARA A COBERTURA) ♥ 40 G DE MANTEIGA (PARA A COBERTURA)

> Preparo:

1. Preaqueça o forno em temperatura média e unte uma fôrma redonda de 25 cm de diâmetro.

2. Bata as gemas com o açúcar.

3. Acrescente o chocolate em pó, misture a manteiga derretida, a farinha e o bicarbonato. Reserve.

4. Em outro recipiente, bata as claras em neve e introduza o fermento.

5. Misture tudo, adicione a água fervendo e mexa até ficar homogêneo. Coloque a mistura na fôrma untada com manteiga e farinha, e asse por 40 minutos, aproximadamente, em fogo moderado.

6. Derreta o chocolate da cobertura em banho-maria e adicione a manteiga, mexendo até a mistura ficar completamente derretida. Cubra o bolo com essa calda.

‹ Saboreando o Rio ›

Um dia, sentada em uma das mesas de calçada do Celeiro, um clássico do Rio de Janeiro capitaneado, desde 1982, por heroínas que têm a minha mais sincera reverência, comecei a acompanhar o movimento do Leblon durante a tarde de um dia de semana. Terrivelmente frustrada, por não fazer parte de nenhuma das tribos de transeuntes, comecei a me imaginar em uma nova vida, que me permitisse estar ali, de tarde. Baixei o olhar para o prato coloridíssimo sob o meu queixo e comecei a decompor cada uma das saladas que ali estavam. Como se mentalmente fizesse listas, imaginava os ingredientes saltando dos pratos e comecei a me divertir com aquilo. Foi aí que eu tive um estalo de que assim estava diante de uma coisa que eu realmente gostava de fazer e que, sim, poderia sobreviver fazendo algo que me permitisse figurar em plena tarde como uma daquelas pessoas que passavam sobre as calçadas do Leblon. Daí em diante, muitas coisas, que um dia eu contarei, se sucederam. Mas o que eu quero dizer agora é o seguinte: não deixe nunca que alguém diga quem você é. Não deixe nunca que alguém diga quem você pode ser, aonde você pode chegar ou o que você pode fazer. Só quem pode decidir isso é você, essa pessoa que está aí, segurando este livro, ávida por produzir as coisas inéditas que fervilham dentro de si. Presumo que não sejam feitos insuperáveis, e talvez por esse exato motivo você não as deixe tomarem forma. Pode ser. Mas, se você não as fizer, alguém as fará. Pior ou melhor, alguém vai atropelá-lo e você vai se sentir lesado por quem produziu o que você deveria ter feito. Como já disseram sobre outras artes, há infinitos sopros de inspiração pairando no ar e quem respira se apropria deles. Quem respira com consistência, e consegue fazer transpirar por seus poros tudo aquilo que lhe inspira, imprime em si vitoriosamente uma marca que ninguém pode roubar. Nas minhas panelas tem o meu mundo. E nelas não coube o alerta dos conservadores que não se arriscam. Não absorvi a minha própria mesquinhez ao cogitar que o que eu queria fazer já existia. Usei da minha maior arma, a disciplina, e encaminhei tudo com o arbítrio

< Enfim, com asas >

singular de quem não entrega para o outro fazer.
Observei com a fome de quem queria devorar o tanto que
me encantava. Admirei, fui atrás, me cortei, sangrei.
Deixei derramar um pouco de mim neste sonho lento,
serena, mas incansavelmente impetuosa, e persegui a mim
mesma para que eu só aceitasse o que me era próprio e
o que me era genuíno. Estourei as bolhas e ignorei as
cicatrizes porventura costuradas nas imperfeições desse
sonho. E estou por aí, sem grandes fraturas, com o peito
aberto. Estou pronta para estilhaçar cada um dos meus
castelos e construir todos eles novamente. Continuo
crédula e ainda pura, mas fatalmente menos inocente. Em
movimento relativamente reto, tento evitar as distrações
das curvas que parecem me iludir para a facilidade.
Estou ansiosa para repartir com as minhas filhas tudo
o que aprendi, e louca para abraçar a robustez de cada
coisa boa que a vida ainda vai me dar.

< Enfim, com asas >

Salada de berinjelas
(Esta é a minha homenagem à deliciosa salada de berinjelas do Celeiro.)

....

RENDIMENTO: SERVE 10 PESSOAS

6 BERINJELAS PEQUENAS ♡ SAL A GOSTO ♡ ½ PIMENTÃO VERMELHO (PICADO EM CUBINHOS) ♡ ½ PIMENTÃO AMARELO (PICADO EM CUBINHOS) ♡ 5 DENTES DE ALHO INTEIROS ♡ ½ CEBOLA (PICADA EM CUBINHOS) ♡ 200 ML DE AZEITE DE OLIVA EXTRAVIRGEM ♡ 100 ML DE VINAGRE DE VINHO BRANCO

> Preparo:

1. Lave as berinjelas. Após retirar e descascar suas coroas, parta-as em pedaços.

2. Leve as berinjelas ao forno com sal, por aproximadamente 20 minutos ou até que estejam plenamente assadas.

3. Coloque-as em uma saladeira com os pimentões, os dentes de alho e a cebola picada. Acrescente o azeite e o vinagre, e cubra com uma tampa ou com um filme de plástico por 24 horas na geladeira. Antes de servir, retire os dentes de alho.

Índice de receitas

B
Baião-de-dois 241
Batata rösti 225
Bolinhos de picadinho 152
Bolo de aipim com amêndoas 191
Bolo de chocolate 246

C
Camarões ao curry com maçãs e amêndoas 49
Carne de peito na caçarola com feijão-branco e tomates assados 124
Carpaccio de cavaquinha com manga e vinagrete de dedo-de-moça 43
Cocada cremosa 177
Compota de carambolas com damascos 132
Creme queimado aromatizado com banana da casa 81
Crepes de cogumelos porcini 159

E
Empada de camarão com palmito cremoso 168
Escondidinho de rabada com baroa e queijo cremoso ao agrião 87

F
Filé à Oswaldo Aranha do Le Relais 199
Filé-mignon ao molho de gorgonzola e batatas rústicas 58
Frango do chef 184
Frigideira de frutos do mar 146

I
Insalata Nuova Caprese 64

L
Lasanha chique de domingo (com queijo fresco e espinafre) 139

< Índice de receitas >

M

Moqueca de shiitake 116

Musse de alho-poró e mostarda 110

Musse de chocolate com laranja 226

N

Namorado ao molho aveludado de sálvia e conserva de cerejas 73

P

Pastel de queijo de minas com orégano fresco e cebola roxa 232

Q

Queijo coalho grelhado com pesto de azeitona roxa 35

Quindim 201

S

Salada de berinjelas 253

Salada verde com patê de fígado de frango com pimenta-rosa 94

Sanduíche de rabanadas com sorvete de canela e frutas vermelhas 102

Sopa de couve-flor 54

Suflê de emmental com aspargos frescos 57

T

Terrine rústica de coelho com mostarda e ervas 27

Torta de peras com canela 214

W

Waffles 205

Contents

Preface — 259

Acknowledgments — 260

Introduction — 262

The four seasons — 266

Rio by bike — 267

The Breton "Carioca" — 268

The memory's curry — 269

Foreigners at Urca — 270

Art — 272

At this point — 274

News from home — 275

In the very elegant Leme — 276

Ipanema — 277

Christmas in Cosme Velho — 278

Every corner, a victory — 279

Walking around with my All Star — 280

Rust in the blue — 281

In the heat of this city — 284

"For rent" in Leblon — 285

Partying in the Carioca bar — 287

Carnivore, flesh, bones and soul — 288

From crepe to aisle — 289

Roots in the beach — 292

On the mountains — 293

Coloring the sidewalks — 294

June — 295

August's second Sunday — 296

Rain in Rio — 298

The Carioca woman at home — 300

Freedom, lightness and serenity — 303

One day I will be old like this — 305

Going up to Santa Teresa — 306

Women's house — 307

At last, wings — 308

Recipes index — 309

Preface

My friend Mariana is committed to sincerity. The dynamic way in which she strolls through the feelings and thoughts delights me.

I remember well when I met her some years ago, with elegant and sober clothes, always refined. She used to explain to herself, and for us too, the real reasons why she exercised the job that had always accompanied her. The truth is that Mari was disenchanted. I used to sleep over at her home a lot. She gave me a place to stay and affection, and that made me see that all those explanations were a preparation for a new flight, a new passion, a farewell.

It was born an uncontrollable longing to live from the food magic. It is obvious that I took multiple advantages from this new friend, who reinvented, before my admiring eyes, her way of dealing with the days and nights.

When I first arrived in Rio de Janeiro, I had the very intention of having a short vacation, but it happened that this period became a beautiful 8-year stay. During this time, Mari showed me Rio and its characteristics, introducing me to people, bars, restaurants and her (very carioca, in my opinion) personality.

Mariana is still refined and elegant. Her clothes are others, and, most important: I can see her happiness all over her house, in the smells of her pots, in the beauty of her daughters, in the affection with her love. Mariana is sincere. And I sincerely like her a lot the way she is.

Maria Gadú

Acknowledgments

To my dearest friends from Editora Senac Rio de Janeiro, Karine Fajardo, Viviane Iria, Manuela Soares, Cláudia Amorim, Jacqueline Gutierrez, and Thaís Pol, to Marianna Soares and Andréa Ayer who gave wings to this project.

To Marcelo Goyanes, who reached out and brought me to this Publishing House.

To my partner, Anna Elisa de Castro, a partner in so many things.

To my former partner, Nelson Fonseca, who has always encouraged me with a smile.

To Ingrid Louro, a toast to the certainties and uncertainties of life.

To André Santos, Verônica Oliveira, Veruska Monteiro, Jorge Macieira, Léo Freitas, Vera Santos and all the employees and contributors of 3 Na Cozinha catering. You are an endless source of learning; this moves the world, but, mainly, our lives in the kitchen.

To the master Pierre Landry.

To Eurivaldo Bezerra, whose generosity enabled me to bring to this book some unexpected records.

To Aurilene dos Anjos, a loved friend. You are forever.

To Fernanda Fehring, whose flowers filled me with love.

To Renata Gadelha, for the luxurious artistic help.

To Beatrice Mason, whose English and friendship I can always count on.

To Anna Paula Costa e Silva and Luiz de Luca.

To Natalie Gerhardt, for the revision of the translation into English.

To Teresa Hermanny, Celina Ozório, Mariana Medeiros, sisters of this life and probably of so many others.

To Denison Caldeiron, who, as is always thinking together, gave me the idea of writing in two languages.

Acknowledgments

To Domingas, Luiza, Bebel and Chico Mascarenhas and all the Guimas' family; to Bia and Lucia Hertz, from Celeiro, which has inspired me so much; to Marcos Gasparian, Laura Gasparian and all the staff of Livraria Argumento; to dear Otávio, of Antiquarius, for so much tenderness; and to Mr. Narciso Rocha, Mr. Manuel and Isabel, from Jobi. To the friends from Costa Costa Pescados (in Leblon's Cobal).

To Lucia Guimarães, from Chef Estrela, for the beautiful aprons and the usual affection.

To my dearest friends from Mixed, Dany Chady, Michele Curvello and Lucia Silveira.

To Besi, for the beautiful china.

To Tutto per La Casa, in particular to Jandira and Marcela Birman.

To my mother-in-law and father-in-law, Monica and Homero Baratta, for letting me use the farm's kitchen whenever I wanted.

To my father-in-law, Oswaldo Cruz Vidal. I had the honor to send him this book before he passed away. His words of encouragement about everything he tried since the beginning of my marriage helped me to fulfill this dream. I am very thankful that he read, that he told me stories and that he gave me the surname Vidal. I am very proud to be a part of this family.

To Carla Daiha, Tereza Barretto, Maria Amélia Barretto, Luciana Junqueira, Ludmila Campos, Carolina Chagas, Anna Ratto, Maria Gadú, Ana Carolina, Fabiane Pereira, Martha Moesch, Renata Gebara, Maria, Luiza and Dudu, Rosane Felix, Mr. Átila, Caíca, to all my loved friends and clients of 3 Na Cozinha catering, and to everybody who, one way or another, allowed me to dream this much.

To Renata Vidal, sister of the sisters-in-law, for dreaming with me each and every page the way I wanted. If I have not said yet, I am your big fan.

To Isabel Becker, my partner in this book. The love you put within it overflowed and pushed me forward in the moments I felt tired, had doubts and blockades.

To my mother, Gloria Daiha, and my father, Antonio Daiha, always in my heart; and to my brother, Antonio Cesar Daiha, who saw the first pies in the refrigerator.

To Rodrigo Vidal, my love, the first reader and editor. To Beatriz and Cecília Vidal.

Introduction

In 2009, facing the effects of an international economic crisis, unexpected events destroyed some of my well sedimented pillars and stirred certainties that until then had dominated my life. I have always been like this: we do not question work, we deliver it; hence my difficulty to rethink this facet of life that has taken me to a place where I felt so safe. Shielded by paychecks typical of well-succeeded citizens, tailored clothes, good quality cars and nannies always around to take care of my daughters, I was anchored and this prevented me from rethinking the basic. There was no way to second guess what other people considered your success.

Then, life came and categorically established what I did not want to understand: "I am the one who controls this orgy, and if you don't throw yourself into it, I will push you in 3, 2, 1..." Thereafter, a succession of events occurred and, with the Universe's timely leverage, I finally threw myself into it. I had a few guns, but I noticed that, when life pushes us, it is because it will make us fly and everything is already arranged — there are not many choices. In my case, cooking was not a choice, was a vocation, a requirement from those who were around me, the only feasible choice.

What I had seemed little, but it was more than enough. I had the equity of a person who was reasonably wise along a career of 17 years. I had support and comfort from my mother, my brother and an aunt from my father's side. I had the money of a friend that used to say that "he was investing in me". I had a true army of friends ready for anything. I had a husband that loved me, and daughters that I couldn't let down. Moreover, I had a beautiful city full of generous people willing to allow me to come into their houses to cook what I knew.

< Introduction >

Then I realized that I probably was nice and decent even to people I vaguely knew, because in the blink of an eye people who I thought that did not even like me that much started to approach me. They called me, hired me, and believed in me. This gave me a boost and served as antidote from any looser spirit. I know who each one of these people is and I will never forget them. I have understood that the good really exists, as I have always believed in my core, and that my glass would always and definitively be half full.

As a lawyer, I was used to write in Portuguese and English on a daily basis, and this was one of the things I missed the most in the beginning of my life in the kitchen. So I decided to put writing and cooking together in an unpretentious blog called Saboreando Histórias, which was my path to arrive here. In this book, the city is the background of a life that was sometimes troubled, with all the juggling known just by the owners of a catering, or, sometimes bucolic, because Cariocas are always sighing, but certainly, every time, as the scenario of a party life.

Rio de Janeiro I am talking about is not the distinctive Rio. It is the city that compiles the senses and memories of my life. This is not a book to teach typical food, nor a book of dishes that are available to anyone who comes to Rio de Janeiro, but to the segment to which I affectively, geographically and culturally belong. In a Rio of so many choices, I have chosen to admire and savor the charm of this city that is always full of energy. Between the sea and the mountain, in the stirring life of the beach, bars, parties, of those who sweat their shirts and wear out their shoes outdoors, I grew up experimenting, trying to make sense and to find taste in the mix of influences that makes us who we are.

Everything I cook comes from some place in my memory. I have always interpreted what I liked savoring, sometimes using known techniques, which led me to what I wanted to do, other times bringing to life in my tries something that was already a gastronomic technique but that I did not know yet. Each restaurant by which I passed inspired me somehow, instigating me to make my own version of it or to find the recipe and prepare it as the chef created it, in a time when it was unusual to call a cook a merely as "chef". Therefore, when the stories of this book mention one or other establishment, do not think you will find the true recipe. You will just find my interpretation of each one, rebuilt by my memory. We all know that the whole Europe would fit inside Brazil. Against the new gastronomy that I admire and respect, I dare say that *tucupi*, *bacuri* or *cupuaçu* are not part of my childhood memories, and therefore they are not part of this book, for I have only chosen dishes that could be savored in Carioca restaurants in older times.

I was born in 1972, so I don't have the same experience of someone who knew the gastronomy of this city 80 years ago. But exactly because I saw how everything has changed since then and because I know how delicious it is to revisit them, this book is a way to walk through my own starting points, which will probably be part of the story of other Cariocas. Throughout the text, I share some of my memories from Rio trying to show you how it was then. I have also tried to associate each story to one or more dishes of the restaurants I mention, but I did not strictly follow the recipes and I preferred to add elements, for example the orange I added to the mousse of Casa da Suíça, just because I love chocolate with orange.

Following the suggestion of a friend who lives in Germany, and because I believe Rio de Janeiro receives foreigners who usually come back and consider themselves locals and frequently enjoy part of the tour of this book, I decided to write this book in Portuguese and English. I am very happy to think about the possibility of seeing them carrying home not only a little of the city's usual gastronomy but also the stories, ideas and

‹ Introduction ›

paranoia of a common person, which seeks harmony in the professional, musical, bucolic, chaotic, festive and almost provincial life of this city.

There are other cities in the world that touch me, where I feel myself welcome but no other place brings me so many memories, because my real roots are in this place. I hope that this book somehow awakens your memories and makes you relive them a little. To relive is refreshing and can make you remember who you really are. I realize this when in a, let's say, Wednesday afternoon, I come down Gávea and cross Leblon and the smell of the sea invades me and makes me remember: "This is your beach". May the smell of this book involve you and allow you to remember a part of who you are.

‹ Savoring Rio ›

‹ The four seasons

When the Fall arrived into the quieter streets of Arpoador, and everyone was at home, we were happy. We needed to reinvent ourselves because, despite the delicious sun of the beginning of May, the tiredness of the beach routine was sneaking around. Someone would say that was the Summer of this, or the Summer of that, but the fact was that every Summer was alike. The drinks, appetizers and bars could change, but the unrest of partying and mixing in the places where everybody was under the stars was the same.

Therefore, the poorly marked Fall of this city, stroke our eyes when we sat on the chairs of the restaurant Azul Marinho. We rethought everything under a clearer light and saw better the issues we had. On those days, we would take our projects to Santa Teresa or to the Lavradio street fair market, in the first Saturday of the month.

The Winter was the time of deeper thoughts and the restaurant Aprazível pleased us more and we would take over the city, watching it from above. The emblematic hunt in the dish was the evidence of a glory we also wanted to achieve, urging the challenge, always going after the future, but there, we were happy.

Year after year, the Spring would come and even the nature proved: if we planted, the flowers would sprout. We would pass the year, and the entire life, wishing what we didn't have, and always wishing more. But exactly there, when the Mondays were the icon of the worst part of the routine, we suddenly realized that we were happy.

In December, nearing the end of the year, we began to feel, due to the meetings and new beginnings, that everything was really starting again, and that motivated us. Far from the elegant breeze that held us back, the heat and the bright light elated us and, with no apparent reason, but simply because there was a new chance ahead us, we hugged our friends tighter and broke all the records of food and beverage consumption. The Sun made us more beautiful and we knew that, some morning on a weekday of December, we would go to the beach, unaware of the date. Each new day, we listened to the grasshoppers singing till they blow in the forest, and the nature balance that broke through our bedrooms at that time of the year made us remember that the life was a cycle. This way, several December 31st passed and, every year, holding my skirt, I felt seven sea waves break in my legs. Then, I would throw flowers with some of my most urgent wishes. And, just today, after we have repeatedly made this together, for so many years, I realize how each one of those wishes was simple and that, exactly there, we were really happy…

Rustic terrine of rabbit with mustard and herbs

(This is not the Aprazível's recipe, but if you like their terrine of duck, you will probably enjoy my interpretation.)

1 big serving

1 ½ kg of rabbit meat ♥ 200 g of bacon ♥ 2 carrots ♥ 1 onion ♥ 3 garlic cloves ♥ 1 bouquet garni made of: one bay leaf, one parsley twig, 10 grains of black pepper, one thyme twig, one rosemary twig – bound within a piece of organza or within a lint-free canvas bag ♥ 1 ½ to 2 tablespoons of salt ♥ 1 L of water ♥ 300 ml of white wine ♥ 100 ml of cognac ♥ 3 tablespoons of ancienne mustard ♥ 1 parsley branch, finely chopped (with no stalks) ♥ ½ tablespoon of unflavored gelatin

Directions:

1. Cut the rabbit meat in pieces and the bacon in four pieces. Squeeze the garlic cloves and cut the onion and the carrots in cubes.

2. Put the rabbit meat, the bacon, the carrots, the onion and the garlic in a large pan. Add the bouquet garni and a little bit of salt. Add the water and the wine and let them boil at a moderate flame. Let the contents of the pan cook for 30 minutes.

3. Add the cognac and cook for approximately 30 or 40 minutes, or until the rabbit meat can be easily released from the bones.

4. Remove the rabbit meat, separating it from the bones. Chop in small pieces or use an electric mixer to chop. Set aside.

5. Filter the juice from the boil, removing and disregarding the solid pieces. Cook simmering and let it reduce by half. Add the pieces of rabbit meat, mustard and parsley.

6. Use one-half glass of water to dissolve ½ tablespoon of unflavored gelatin. Mix the dissolved gelatin with the rabbit meat.

7. Place the mix in a terrine and take it to the refrigerator for approximately 24 hours.

Grilled *coalho* cheese with purple olive pesto

4 servings
100 g of purple olives without the seeds ♥
3 tablespoons of olive oil ♥ ½ teaspoon of fresh oregano ♥ 300 g of *coalho* cheese (prefer with little salt)

Directions:

1. Mix the olives in the blender or mixer with 2 tablespoons of olive oil and fresh oregano. Set aside.

2. Chop the *coalho* cheese into 2 cm cubes. Use a frying pan or grill to grill each peace, turning both sides and using 1 tablespoon of olive oil.

3. Cover each piece of *coalho* cheese with a bit of the pesto and serve in platters using sticks.

Tip:

This recipe is delicious to be tasted with a beer or a caipirinha *because it is a little salty. If you do not enjoy saltier dishes, a good suggestion is to replace the olives with a touch of honey on the cheese.*

< Rio by bike

Down the hill toward Jardim Botânico, we leave Dois Irmãos Mountain behind. Curves and more curves, keeping the rhythm, the Vista Chinesa miracle arises when, up high, who was able to get there believes everything is possible. Downhill is an award. Little effort is needed to cross till the beach, and the noses already smell it all: from the oregano of the *coalho* cheese to the palm tree oil of *acarajé*. All the senses enjoy the sea air, the many kinds of smoke and the luck of that wind in the face. We will get there in time to enjoy the evening in the low wall of Bar Urca. Before the stars, I need to pray to thank for my breathing, my legs, and my nose and, above all, for the magic view of the sunset hugging the boats in Urca beach. Who explores Rio by bike has the habit of watching it. I cross a partying city, dawning at each image, clapping, listening to music, minding its own business. A city in which we walk or run as therapy, to solve our problems. A city in which, like in no other, we are part of the environment that is reinvented day after day, with its people outdoors, breathing fresh air. Cherished by the view, we are able to forgive all the evil against it, as if its beauty was immune against all the evil and all the suffering it causes to us, despite its beauty. Every night, when I turn off the lights of my house, I pray to God to protect us. I pray against the mistakes, abandonment and demolition. I pray for the protection of everything I see that lulls everyone who, cycling everywhere, knocks over their problems, keeps the pace and follows watching around.

‹ Savoring Rio ›

‹ The Breton "Carioca"

This is how everything began: after many good caterings in my resumee, I started an informal, but compulsory, training in my family's country house to deal with bigger and rougher pots. Many attempts later, there were still many mistakes to be made. I didn't know how long the path to get there was, but I knew I was very far from where I wanted to be. One day, he appeared. If I was already far from my goal, when I saw him cooking, I also saw that my chances were even more remote. But I am a Scorpio woman and to give up is not in my dictionary. I wanted to learn the possible, even if I couldn't sharpen knives and chop onions like he did. I needed to stalk that creature and steal from him everything I could, because, in the worst-case scenario, I already had the "no". I really have never cared for who was the top chef of the moment. I do care for the intensity with each dish touches me. I have never cared for the kitchen's basis, trends and things like that. I like what I like, I know exactly what it is, and in that moment I knew: he was my chef. That Pisces man, who considered himself a Carioca and was a fan of Flamengo soccer team and Mocidade Independente de Padre Miguel samba school, was Breton, and this would soon be revealed. "*Marriana*, did you get these horrible potatoes for free? *Alors*, you can return them!" "*Marriana*, stop talking, clean your *place* and chop this mushroom now, ok?" There were many scoldings, some of them unprintable, which were alternated with caresses in the ego by the other cook, Verônica. Were they to pull me down? No. I learned that we only annoy who we like, and that was his way of liking. My husband even said he would ask him advices to learn how to scold me, because he had never seen me so reverent. Whether forgetting about the torture sessions was a convenient defense, the classes exceeded any expectations I could have had. His love for gastronomy is extraordinaire and, therefore, teaching fluently overflows from him. This is not an available possibility for everybody because, to be there, it is necessary also to love what you do and to trust him. Keenly, a French man we both knew once said to me, when I was laughing while telling about my scoldings: "*Ah, Pierre, toujours en essayant de cacher ce grand coeur.*" But even if he tried to hide, I found his heart. And it is really big.

Now, I humbly request my Chef's authorization to transcribe the recipe he created to Le Saint Honoré. The restaurant, which was the most delicious crib of the French gastronomy in Rio de Janeiro, was in the 37th floor of the former Le Meridien hotel in Rio, where it operated for thirty years, and closed in 2007.

Cavaquinha carpaccio with mango and chili vinaigrette
By Pierre Landry

8 servings
4 *cavaquinhas* removed from their shells, frozen and wrapped in plastic ♡ 2 mangos of the kind "Palmer" (not excessively ripe, so as not to jeopardize the slicing) ♡ ½ cup of olive oil ♡ Juice of 2 limes ♡ 1 chili

Directions:

1. Remove the plastic and slice the *cavaquinhas* in extremely fine blades. Try to obtain a format that you will also be able to obtain with the mango, as this will make the setting easier.

2. Slice the mango in fine blades, likewise.

3. Set each dish alternating blades of *cavaquinha* with blades of mango (around 5 blades of each per dish).

4. Prepare the vinaigrette upon mixing the olive oil with the juice and mixing well.

5. Chop the chili into very little cubes and add them to the vinaigrette.

6. Pour the vinaigrette over each dish and serve.

‹ The memory's curry ›

‹ The memory's curry

In the kitchen, it is always like this: I start with some ingredient available that will create the personality of my dish. Then, I wonder the way I like it the most – baked, cooked, raw, sealed, marinated or roasted. Further, I imagine how this ingredient relates with others I like. For example: I love chocolate with citrus fruits (star-fruit, orange, tangerine or apricot), with coffee or pistachios cream. I also love chocolate with egg whites and yolks. Olives with basil, tomatoes with thyme, pork with rosemary, lamb with mint, and also with curds and lentils! Meats with red wine, white wine or Porto, beer or cachaça. Butter with almost everything, but mainly when you throw the onion into the pot and let that delicious smell takes over the kitchen... Later, I think about the colors, because at this point I have already defined what I wanted to eat, and all I need is a colorful and lively dish. Last, but not least, I thing about the texture, which is the final touch. An inspiring breath, which may cause the dish to upturn the tea table. Shrimp with coconut milk is a fresh creamy mixture. If we add lemongrass and ginger, it takes us directly to the East. But if we add yellow and red pepper and palm tree oil, it takes us just to Bahia. Anyone can play like this. But there is a rule: everything must allude to something nice, a good story, a caress, a landscape or a memory of some day at the table, something that thrills. And, most important of all: in gastronomy, as in music, in life and in everything else, ethics is necessary. In a dish, no ingredient is allowed to steal the spotlight. For example, I mentioned yellow and red peppers, because the green ones hide the flavors of the entire dish and, besides this, you spend the day remembering it. It is not fair.

Shrimp with curry is a classic. I remember that my first contact with curry was when I was a child, in Gordon, a snack bar in Baixo Leblon, where my father used to put me on the counter to eat a sandwich called "Diabólico". In my teens, I would go the beach and, before coming back home, my friend Mari and I would eat at Barraca do Pepê a chicken curry sandwich with alfalfa. Later, an Indian friend taught me the recipe of curry shrimp, which I adjusted a little. Every time I prepare it, it takes me to Gordon, to Barraca do Pepê and to my Indian friend's house. Each time I pour curry, past scenes surface in the mind of this sentimental cook, whose eyes fill with tears, with or without chopped onions, and points toward a lack.

Curry shrimp with apples and almonds

6 servings
1 large onion, finely chopped ♥ 2 tablespoons of olive oil ♥ 3 (red) apples, peeled and chopped in 2 cm cubes ♥ 300 ml of heavy cream ♥ 1 to 2 tablespoons of curry powder ♥ Salt and pepper, as desired ♥ 1 kg of (clean) shrimp, seasoned with salt and pepper ♥ 100 g of horizontally chopped almonds ♥ ½ tablespoon of butter ♥ Fine scallion, chopped

Directions:

1. In a medium pot, let the onion get golden on 1 tablespoon of the olive oil, when it is gold, add the apples. Let them cook for approximately 5 minutes.

2. Add the heavy cream with a full tablespoon of curry. (The quantity varies according to the cook's taste and the curry itself, whose flavor may be stronger or weaker.)

3. Adjust the salt and add pepper, if you desire. Allow the heavy cream to get warmer, but do not let it boil, otherwise it will sour.

4. With 1 tablespoon of olive oil, seal the shrimp at a high flame in a pan or wok. Gather the shrimp with the curry sauce and let them finish cooking so that they remain *al dente*.

5. Roast the almonds in another pan with butter and sprinkle salt.

6. Right before serving, sprinkle the scallion and golden almonds over the curry shrimp. Serve it with white rice.

‹ Savoring Rio ›

‹ Foreigners at Urca

The ground apartment with low walls around could perfectly be a house. And it was there that the couple lived with their two daughters and spent most of the holidays. At that house, one book was read after the other, and cooking was the main activity. Because they believed that dinner was the highlight of the day, every day. Dinner was expected as the "wage" of the day, a space to a desired questioning to discuss perceptions about their respective lives. To be with their parents is everything children want. The mom would cook listening to music, because she thought it was the moment she would most enjoy the melody, harmony, smell, taste and lyrics. The truth is that everything there span around dinner. To go to the morning fair market was a chance to meet new people. To buy fresh bread – essential – was an excuse to ask one of the girls to go out alone, giving the first steps towards independence. To water the herbs, to collect those that would be used, to take the tableware, to buy flowers, to ice the wine, everything was made as if every day was a party. But the guests were the owners, who devoted to themselves all the kindness with which they received a special person in their home. And, thus, they talked with their daughters, introduced new delicacies, taught how the dishes were prepared, always surprising them with something new. Lunch was not like dinner because they were usually busy, the girls were at school, and therefore, they ate what was left from dinner. Whether there were guests or not, the table was always beautifully set. The foreigner family, which I met some years ago, made me think over some of my values. I understood that the true meaning of success is to be able to dedicate two hours of your day to prepare what you and your family will eat. Prosperity is to have something new, creative and delicious daily on your table. Joy is to listen to the slight noise of my daughters, elated, telling the experiences of their days, hearing and being heard at the meals. Happiness is to see them copying our gestures at table, elegantly and easily behaving. And the love, the most vibrating and genuine thing that a mother feels, around a table, daily, when she realizes that everything that matters in the world is within that house.

You may think that to establish a routine like this is unthinkable. But it is not. You just have to organize and prioritize the commitment to have dinner at table with your children every day. You just need to start and to think in a simple dish, with only one or two items, such as the recipes I provide below, or dishes that you can make in advance or leave it in the oven while you take a shower, set the table or help the children doing their homework.

Cauliflower soup

6 servings
100 g of salted butter ♥ 1 medium onion, chopped in cubes ♥ 1 ½ L of water ♥ 1 large cauliflower, or two small ones, cut in small branches of approximately 5 cm ♥ 2 tablespoons of fresh heavy cream ♥ Nutmeg, salt and pepper, as desired ♥ Chopped parsley

Directions:

1. In a medium pot, melt the butter. Add the onion and let it get golden.

2. Add the cauliflower and put a top on the pot for a few minutes so that the cauliflower can "shrivel" a bit. Using a spoon, mix the cauliflower so that it can absorb the flavor of the golden onion.

3. Add approximately 1 ½ liter of water or a quantity that is enough to cover the cauliflower in the pot. Let it cook for around 20 minutes. Remove it from the fire when the cauliflower is soft, already cooked and let it cool.

4. Mix everything in the blender and add the heavy cream.

5. Add the nutmeg, salt and pepper as desired. If it is not in the soup consistency, add more water.

6. Take it to boil before serving and, if your wish, garnish with chopped parsley to provide color to the dish.

⟨ Foreigners at Urca ⟩

Ementhal cheese and fresh asparagus soufflé

4 servings (as main course)
¼ cup of butter ❦ ¼ cup of flour ❦ 1 ½ cup of milk ❦ 2 cups of grated ementhal ❦ 4 eggs (yolks and whites separated) ❦ Nutmeg, salt and pepper, as desired ❦ 1 pack of fresh asparagus

Directions:

1. Preheat the oven in medium temperature.

2. Melt the butter and mix with the flour. In the meantime, warm up the milk until it boils. Join the milk with the butter and the flour and mix it well with a wire whisk. Go on mixing until you obtain a thick, soft and homogeneous cream.

3. Remove the pan from the fire, add the cheese and mix until the cheese is completely melted. Add the egg yolks, beating one at a time. Add the nutmeg, salt and pepper and let it cool.

4. Add the crude asparagus, cutting them into 1.5 cm slices. Set aside.

5. Beat the egg whites until they are fluffy and mix them with the mix already cooled. Put it in an oven-safe deep plate or into 20 small bowls (ramequins of 6-7 cm of diameter). For the large platter, bake at medium temperature for 40 minutes. For the small bowls, time will be consistently less, approximately 20 minutes.

Filet mignon steaks with gorgonzola sauce and rustic potatoes

6 servings

↙ To prepare the potatoes:
1 ½ kg of potatoes ❦ 20 garlic cloves (very young, do not use old garlic), whole but peeled ❦ 3 tablespoons of melted butter or 100 ml of olive oil ❦ Coarse salt, pepper and chopped parsley, as desired

↙ To prepare the beef:
1 piece of filet mignon (approximately 1.2 kg) ❦ 1 tablespoon of Dijon mustard ❦ Salt and pepper as desired ❦ 1 tablespoon of butter ❦ 300 ml of fresh heavy cream ❦ 1 piece (150 g) of gorgonzola cheese cut in small pieces

Directions for the potatoes:

1. Slice the potatoes horizontally, dividing each of them in 8 pieces. Spread the potatoes in an oven-safe platter and besmear them all over with the butter or with the olive oil.

2. Season them with the coarse salt, pepper and parsley.

3. Cover the platter with an aluminum foil and leave it in the moderate oven for about 20 minutes. Remove the foil and return the platter to the oven for additional 50 minutes or until the potatoes have cooked and are golden-colored.

Directions for the beef:

1. Clean the beef, removing the fat and nerves. Slice the beef into steaks of 2 inches (approximately 3 cm) thick. Place the steaks on a baking sheet. Besmear them with the mustard, salt and pepper. Let them absorb the seasoning for approximately 30 minutes, whilst the potatoes are baking.

2. Use a frying pan with butter to grill them, preferentially two at a time, in order not to excessively produce water in the pan. Allow each side of the steak to grill in the pan at a high flame for one minute and then at a lower flame for three minutes, and repeat this to grill the other side of the steak. Only grill the steak once each side.

3. Make the sauce simply mixing the heavy cream and the gorgonzola cheese in a pot and letting it melt until you obtain a homogenous and creamy sauce.

4. Make up the dishes serving one steak, a portion of potatoes and the sauce on the top of the steak.

Tip:

Start by the potatoes, as while they are in the oven, you may be able to prepare the rest.

‹ Savoring Rio ›

‹ Art

Lights off. In the dark, the sole voice announces the direction, cast, production and support team. Warnings not to smoke or use cell phones fall away while the audience roars. The concert will start and the music will take you away. During those 90 minutes, you will imagine yourself as the artist. You will go through the corners and edges of the mind that made those verses touch you, and you will live intermittently the flashes of ideas that surrounded the mind of the person who chose that melody, that harmony and those lyrics. You will feel as if you were directing the concert. You will be sympathetic and suffer when the artist cries for mercy, and you will hope he grows until he is a giant. You will want that in those 90 minutes he can express what he felt in a lifetime, and that he does not waste this chance. And when he is a giant, he will intoxicate you. He will take you to the many lives of your life and will make you miss, you feel nostalgic and attached to certain moments. He will inspire you and make you believe that the art is for real and recognition always comes along. He will bring back who had already gone. And it will give you courage to seek who you can be.

Then the lights will be on and you will be taken back to the starting point, to a place where, you know too well, it is not easy to live and in which the ideas and solutions are more rare and expensive. The artist will be reduced by acid reviews, which will compare him to whoever they think more similar, ignoring that art is influenced by art. The melodies and harmonies, which intoxicated you, will be technically approached by skeptical minds that have never felt love or pain. But the art tormentors will also seem ridiculous and insignificant to you, because, deep in your heart, when the lights were off, you were able to be led by the music. And you went away.

Make art is to put yourself on the line and be subjected to cold criticism by those who did not allow themselves to be led, or to the deserved criticism by those who went nowhere simply because the inconsistence of this did not allow – it also happens. To cook is to throw yourself with no mercy into the unknown of the (high) expectation of the others. It is to be many times in an undesired focus, because it is inevitable and irreversible. Many times, I have found myself expecting incredible ideas in the kitchen. I simply cannot expect only this, because I realized that the virtue of what I do is exactly to seek to worthily develop the delicious dishes to which I had already had access and, then, lead someone to a happy gastronomic experience. My story in the kitchen is empirical and was born from the interpretation of what I saw and tasted during my life. A love affair, essentially.

The ideas are in the air and, in art, two people can appropriate them at the same time. For example, some years ago, I found a book called Les délices de chez Catherine *(Éditions Solar, France, 2006), in which Catherine Guerraz proposes some classic recipes. Coincidence or not, I remembered that one of the recipes in the book was very similar to a dish of Fashion Mall's Clube Chocolate – where everything was absolutely wonderful –, under the name "Insalata Nuova Caprese". Now, I try to reproduce this recipe that was presented as a circle fan along the plate.*

< Art >

Insalata Nuova Caprese

12 servings
6 tomatoes of the Italian type ❦ 500 ml of olive oil ❦ 2 eggplants ❦ 2 zucchinis ❦ 6 large fresh mozzarella balls ❦ 1 teaspoon of butter ❦ 20 g of pignoli ❦ Basil leaves ❦ Fleur de sel and freshly ground pepper

Directions:

1. Preheat the oven.

2. Cut the tomatoes in four slices each. Put them with 100 ml of olive oil in a baking sheet and take them to the oven slightly sprinkled with salt for around 30 minutes or until they are dried and golden.

3. Cut the eggplants in 1 cm-thick round slices and season with a little bit of salt. In a pan, heat 100 ml of olive oil and gently grill at moderate flame. Remove the excess of grease.

4. Cut the zucchinis in 1-2 cm-thick round slices and season with a little bit of salt. Grill each side in a pan or grill with a little bit of olive oil.

5. Slice each mozzarella ball in 4 round slices.

6. Grill the pignolis in a frying pan with the butter for approximately 2 minutes or until they are golden. As soon as you remove the pan from the range, remove the pignolis from the frying pan and put them in a dish, because the frying pan will turn them even darker.

7. Set the salad inserting alternately each one of the ingredients in a fan shape and close the circle. Insert the basil leaves between the tomato and the mozzarella and use the smaller leaves to sprinkle over the salad. Sprinkle salt and pepper.

8. Pour the rest of the olive oil over the salad and, finally, the pignolis.

‹ Savoring Rio ›

‹ At this point

You may accuse me of terrorism, but answer me now: after 15 years, can we consider ourselves already mature? If so, is it really just like this? Will we go through the rest of our life, maybe around 30 years, sharing this same – and only – bed? Of course, when it rains, we need more each other and we are able to clearly see the reason of everything. Not only when it rains. When we lack money to go out as happy and reckless, as one can be, we stay quiet together. And, of course, I admit that, without you, I would be owing favors in exchange for domestic services for all the neighborhood, which, knowing I am a woman who asks favors, would already have found a way to expel me from here. It is good to be together in the adverse moments and in the joyful ones. When we are euphoric, we take more photos and, excited, unadvisedly boast our happiness in the damned social network. In the future, we can look to these photos and suffer from a masochist nostalgia, as if it was possible to come back in time and be young again. But this is not possible. Currently, we do not go to the beach anymore, and even the late nights are rare. We need to reinvent ourselves and, consequently, we realize we do not have much inputs anymore. At this point, the mistakes during the path are less worthy of indulgence by the Universe, which sometimes absorbs us and allows our happiness, and sometimes punishes us. I remember when an explicit desire of changing the course of everything overflew from us, on that day in Jobi, after the St. Anthony party. Paiva, the waiter, who treated us as if you were the owner, at 3 a.m., as if the party was still getting stared. I, who probably was not able to hide my amazement, tried to understand the wakeful human being before me. But that bar, full of insatiable and restless people, implicitly suggested that this could never work. Even if you said you would marry me, even if I thought that funny, even if I wanted to stay there. Me, who slept like an angel at night and did not even have a TV in my room? Sequentially intertwined were my desire to stay there, which would immediately oblige me to suppress a lot of things, and the incorporeal recurring guess that you were not for me. I challenged what seemed to be the best order for the things and now that you already sleep more hours at night, I ask: are you happy?

Namorado (fish) with velvety sauce of sage ad cherry preserve

6 servings

‹ To prepare the velvety sauce:
Fish bones (it may be extracted when the filets are cut or be granted by the fisherman) ♥ 1 ½ L of water ♥ 80 g of butter ♥ 1 tablespoon of flour ♥ 150 ml of champagne, prosecco or any sparkling wine (white) ♥ 150 ml of fresh heavy cream ♥ a bunch of sage

‹ To prepare the cherry preserve:
500 ml of water ♥ 200 g of cherries, with no seed, cut in halves ♥ 100 g of sugar

‹ For the fish:
6 *namorado* fish filets (around 6 cm in width and 3 cm thick) ♥ 1 lemon ♥ Salt and pepper as desired

Directions for the velvety sauce:

1. Make the broth with the fish bones, reducing approximately 1 ½ liter of water by half. Strain and set aside.

2. Melt the butter in a saucepan and add the flour, allow the mix to get gold. Add the sparkling wine and mix vigorously.

3. Add the broth and keep on mixing well until you obtain a slightly thick cream.

4. Add the heavy cream and the sage leaves, let it get warm and turn off the fire. Set aside.

Directions for the cherry preserve:

1. Put the water and the sugar in a pot and let it boil.

2. Add the cherries and let the mix boil until you obtain a thick juice, burgundy color.

3. Season with a little bit of salt.

Directions for the fish:

1. Season the fish filets with salt, pepper and lemon and grill each side until the meat is opaque.

2. Put it over the velvety sauce with sage.

3. Put the cherry preserve on the top of each filet.

‹ News from home

The light already shows the winter in Gávea, and in the season of the yellow butterflies, I wake up every day with the birds singing. The smell of coffee comes up by the window, as always. The sun perching the wall makes the ivy grows, and the orchids are blooming. Your sink is dry and clean due to the lack of use, but it comforts me to see the rest of your clothes, even if it is a way to imprison me to an uncertain future. Sometimes, it hurts, other times, does not. I confess that waking and sleeping without your hug is the worst of all. But this house, which has not collapsed, is still a home, your home, which I am taking care, perfuming and daily moving the evil away with incenses. I still haven't understood how we flew into such troubled waters, and this trouble scares me, but I know I am stronger. The best piece of news is that you will find a new person here. Not better, not worse, because as Clarice Lispector says: "Even chopping our own flaws is dangerous, because we never know which flaw sustains the whole building." The fact is that I have learn to walk by myself simply putting a foot after the other, bearing the pain that burns in my stomach, at each step, and so on, until I could stand still, fearless, even a little glad. Along many years, our lives were intertwined and we didn't know who was fighting who, due to our disability to realize where one stood towards the other. Our roots are still blended, and from the fruits I see around me, I see the fervor of a love claiming to keep on living. Or the denial of that life, as the life of a former love or the love of a former life. And, inadvertently, this love is now whispering, too low, so that nobody hears the harm it causes in me. As a punishment, as a slow and precise arrow shot, which forces me to swallow my tear and stop my scream, of the firm voice that resounds with no mercy. "Change."

Around us, the life continues rebelling despite so much sorrow. This week, everything happened as usual, and the inclement nature boasted its determination regardless you and me. We already have ripe bananas and we will soon have other fruits. We need to go on, really. And everything here remains moving.

Crème brûlée flavored with home bananas

8 to 10 small servings
250 ml of milk ♥ 2 bananas ♥ 1 vanilla bean ♥ 6 eggs (yolks and whites separated) ♥ 4 tablespoons of sugar ♥ 250 ml of whipped cream ♥ 200 g of sugar or icing sugar (to burn)

Directions:

1. Three days before, put the milk in a bowl with the bananas finely sliced. Put a top on the bowl and leave it in the refrigerator. To use the milk, disregard the bananas, as the milk will already be flavored, which is what we wish for this recipe.

2. Open the vanilla bean in two halves and remove the seeds.

3. Bring the milk to boil with the vanilla seed. Let it cool and, with the help of a colander, remove the vanilla seeds. Leave the flavored milk separated and let it cool.

4. In a metal bowl (which can be taken to *bain marie*), put the e eggs' yolks and beat it with a fouet until you obtain foam. Add the sugar and continue beating vigorously until the color of the mix becomes lighter.

5. Add the whipped cream, mix and take the bowl to *bain marie*, making sure that no drop of water sprinkles into the bowl. Continue beating until the cream becomes thicker. Add the flavored milk (at room temperature), mix and put the cream into 4 or 5 large ramekins or 10 or 12 small ramekins.

6. Take the ramekins to the oven on a baking recipient with water at low temperature and let them bake for approximately 30-35 minutes. Before removing from the oven, shake a little bit the baking sheet to make sure that the cream is firmer (they will not get totally firm nor will they bloat; if this happens, they have been excessively baked).

7. When baked, take them to the refrigerator. To serve them, spread the sugar and burn in using a blowtorch.

‹ Savoring Rio ›

‹ In the very elegant Leme

When I began Law school, I became friend of Natalie and Tita. We continued the almost 5 years together and, in spite of not knowing at the time where life would take us, it was delightful to live together a time of dreams and plans. Although I have adorable stories with them, now I will talk about Natalie's father. Uncle Alberto was the smartest, finest, noblest, warmest gentleman (all the superlatives I use will not be enough to define him) I have ever met. A unique gentleman who used to open a lovely smile whenever he saw me. In those delicious moments, I believed I was the most beautiful woman in the world – and I can assure that all our friends believed the same before Uncle Alberto. Usually, we had lunch in Natalie's and we shared the joy of such a dear couple. Uncle Alberto was a Portuguese man who maintained 100% of his accent, therefore, he would ask if we wanted coffee "with crééééém?". Isabelita, a Spanish woman, also with strong accent, sometimes made us wonder what she had said, but nothing that avoided us from understanding the fun and insight of her stories. The great wines that were offered in those afternoons always highlighted one of the three dishes that invariably alternated as menu: duck with green olives, grilled cod or oxtail. Absorbing a bit here and there, I ended up interpreting and creating on those dishes or on my own version of each one of them. From time to time, I found myself remembering this extraordinaire man and imagining myself having lunch with Uncle Alberto again, around a table moistened with stories and affection, in a mix of simplicity, gallantry and love to the good things of life, which he particularly knew and loved as no one else.

So here there is a recipe, with all my love, to a person who makes me remember that life is worthy living with craving and with all of the best that we deserve.

Escondidinho of oxtail, parsnip and watercress

8 servings (ramequins of approximately 10 cm of diameter)
3 tablespoons of olive oil ♥ 2 kg of oxtail (with bones) or 600 g of clean meat (already cooked) ♥ 1 bottle of (good quality!) red wine ♥ 2 tomatoes ♥ 1 bundle of parsley ♥ 1 bundle of scallion ♥ 2 carrots (peeled) ♥ ½ head of celery (disregard the leaves) ♥ 1 leak (use only the white part) ♥ 1 purple onion ♥ 2 cloves of garlic ♥ 1 L of water ♥ 1 kg of parsnip ♥ 2 L of water for the parsnip ♥ 1 tablespoon of salt ♥ 100 g of butter ♥ 2 bundles of watercress ♥ Pepper as desired ♥ 400 g of cream cheese

Directions:

1. Put the oil in a big pot and grill the oxtail for approximately 1 hour. Add the red wine, the tomatoes, the parsley, the scallion, the carrots, the celery, the leak, the purple onion and the garlic cloves. Let it all reduce completely with one liter of water. Let it cook until the meat is very soft and easily comes apart from the bones, which will take, at least, 4 hours.

2. Remove from the bones only the loins of beef, disregarding the fat and the nerves. Unweave the beef with the hands. Set aside.

3. Peel the parsnip to cook it with water and salt.

4. When the parsnip is well cooked, squeeze it in a bowl using a fork, with the help of half the butter, which will immediately melt when it gets in contact with the hot parsnip. When you obtain a homogeneous puree, taste it and adjust the salt. Set aside.

5. Cook only the leaves of watercress with butter and stir it in the blender with the cream cheese. Set aside.

6. Leave the branches of watercress cooking lightly with the juice of the oxtail and set aside.

7. Cover the bottom of the platter, or of each ramequin, as the case may be, with the parsnip puree. Add a layer of the steaks of oxtail. Put on the top a bit of the soft watercress branches chopped into smaller pieces, but not too small.

8. Cover the platter or ramequins with the cream cheese and watercress mix. Take to the oven for approximately 20 minutes. Serve it hot.

Tip:

If you prefer, instead of serving in ramequins or individual bowls, use a platter, considering in this case 30 minutes in the oven.

‹ Ipanema

Ipanema at the end of the afternoon is top. And I am not talking about the beach or the sunset, but about Visconde de Pirajá street itself. When the noon falls and I have to go shopping there, I feel myself privileged to enjoy such good companies. Beginning with the sun that blinds whoever is walking towards the Obelisk, energizing our soul. The smell of the sea brings a sensation of freedom because we are near the beach on a working day, making it clear that there are important things for us to do in life besides working. Not to mention the gays who live in Ipanema – the name says everything, to be gay is to be gay, happy, and cheerful. The world would be much less frustrated and complex if we could come across happy people like in Ipanema everywhere. But this is a wide discussion for a recipes book, which only intends to tell a story here and there.

I have lived all my life in Leblon, but I cannot show bias towards Ipanema. It is like that elegant and nice cousin, who always brings in something new, whom you miss and with whom you lived unforgettable moments. Moreover, for me, Leblon, Gávea and Ipanema are just one and the same thing.

I could tell endless stories about Ipanema, but I do not want to sound repetitive, as so many people had already done it so well. Despite the new trends Ipanema always launches as far as gastronomy is concerned, I will honor it with a very simple and recurring recipe, which reminds me the outset of all: beach or shopping in Ipanema with friends and lunch before going home. In the menu: greens salad with chicken liver pâté with pink pepper.

Greens salad with chicken liver pâté with pink pepper

8 servings

‹ For the pâté:
(It produces a terrine with 30 cm length by 10 cm width and 8 cm depth)
200 g of butter ♥ 2 medium onions roughly chopped ♥ 50 ml of brandy ♥ 1 kg of chicken liver ♥ 1 tablespoon of salt, less or more, depending on the taste ♥ White pepper and nutmeg, as desired ♥ 1 tablespoon of unflavored powder gelatin ♥ Pink pepper, as enough ♥ 1 tablespoon of finely chopped parsley ♥ 1 tablespoon of fresh rosemary ♥ 1 tablespoon of fresh thym

‹ For the salad:
American lettuce ♥ Frisée lettuce ♥ Purple lettuce ♥ Arugula ♥ Lemon juice, olive oil, salt and pepper as desired

Directions for the pâté:

1. Melt the butter and simmer the onion until it gets golden.

2. Add the brandy and let it reduce a bit.

3. Add the fresh rosemary and the fresh thym.

4. Add the chicken liver and let it cook for approximately 10 minutes, mixing it from time to time.

5. Season with salt, white pepper and nutmeg.

6. Let it cool a bit and mix everything in the blender.

7. Dilute the gelatin in ¼ cup of hot water and mix with the cream obtained in the blender and blend again.

8. Pour the pâté in a terrine or in individual baking pans and put in the refrigerator for at least 3 hours before serving. Serve with pink pepper and parsley sprinkled and place a slice or the whole pâté in the center of the salad dish. If you prefer, to make it easy to remove, cover the terrine with parchment paper.

Directions for the salad:

Season the leaves just with lemon, olive oil, salt and pepper.

Tip:

Depending on the amount of guests, use more or less vegetables than indicated previously.

‹ Savoring Rio ›

‹ Christmas in Cosme Velho

As far as gastronomy is concerned, certain things should be considered a crime, such as serving fish, shrimp or pasta overcooked, or serving too thin sauce or exaggerating in the sugar in some desserts. Or, maybe, in all of them. I need one-week of therapy each time my molar teeth squeeze a piece of chicken cartilage, for example. But there are certain things that stay in the border of stupidity, which merely characterize a moral estrangement. Bad *rabanadas*, for example, is a moral shake in the cook's reputation. I have never noticed the relevance of *rabanadas*, until a certain December 24th, when I was at my cousin's house, in Cosme Velho, chatting retrospectively over the year that was ending, when she said: "Maria is preparing *rabanadas*." I answered: "I don't care." Then, she asked: "Have you ever eaten a *rabanada* when it is just out of the pan?". "No", I answered. "Eat", she ordered me. And I ate. I have never stopped eating it. Nowadays, I have 3 additional kilos which I acquired since then, and I never lost them.

In Rio, for some unknown reason, we eat rabanadas on Christmas Eve, when the temperature is nearing… 40 degrees Celsius! In Portugal, a cute country with perfect literality, the rabanadas are called "fatias douradas" (i.e. "golden slices"). In the United States, they are eaten in breakfast throughout the year and are named "French toasts". But in France, oh… they are called "pain perdu", which is explained by the frugality of using lost bread that, because it is old, is not eaten anymore but it continues at disposal for some kind hands to turn it into a delicacy. However, my friends, rabanadas *are to be eaten during the winter as well, right?*

Rabanada sandwich with cinnamon ice cream and berries

12 servings
1 pack of sliced bread (or baguete, for a change!) ❦ 1 L of milk ❦ ½ can of condensed milk ❦ ½ cup of sugar ❦ 2 teaspoons of powder cinnamon ❦ 3 eggs whites ❦ Oil to fry ❦ Cinnamon ice cream ❦ Clean strawberries, blueberries, raspberries or blackberries

Directions:

1. Cut each slice of bread in triangles (or open the baguette in halves and then cut them in pieces of 15 cm, approximately).

2. Mix the milk and the condensed milk in a bowl or deep platter.

3. Mix the sugar with the cinnamon and spread it in another shallow platter.

4. Beat the egg whites with a mixer until firm and put them in another platter.

5. Plunge each slice of bread into the milk and condensed milk mix until wet, wet it in the egg whites and fry it. When golden, remove it from the oil with the help of a skimmer and let the excess of oil go.

6. Sift it with the mix of sugar and cinnamon and set them like sandwiches, putting ice cream in the middle with the berries.

‹ Every corner, a victory

Windy morning. With fast but not wide steps, I leave behind one of my ghosts at each corner. Sometimes, the wind pushes me, other times, it stops me. I need to leave the floor behind and advance towards the space and time targets. I need to call my mother. I have a sick child at home and a lot of work to do. So many things to decide and solve... I keep on the hedonism, following the course of this energy and fatigue battle. Other people pass by me, conquering more meters in less minutes. They will arrive. I will arrive. I relax trying to enjoy the endorphin wave and I feel the sun, the wind and the distorted landscape behind. Everything passes by. I also draw upon past memories which comfort me and immediately I remember the departure from school with four friends, getting on the bus on an unusual step of freedom. I am surprised to realize that the Carioca elite does not think it is elegant to use public transportation. Oh what… we should take the subway dressed as if we were walking on Avenue Montaigne, Piazza Navona, Park Avenue or Chiado. Everywhere there are eyes just like mine, which need the beauty to survive. I cut and switch to my pace. I breathe and try to improve my pace. More endorphin. Everything is normal, I already know I will not stop. Music in the vein chosen by an entity (it does exist, believe me) that controls the iPhone shuffle. I leave two German women pushing baby strollers. It is good to be a foreigner in Rio on a Wednesday morning... and how many foreigners there are in town! This perception makes me lazy, and then, even with no reason, I want to give up. But I will not stop. I nervously look up the street watch that is always showing the temperature. Change, I need to know how much time has passed… The image of the bus comes back to my mind. Where to? Gula Gula, corner of Rita Ludolf street. We will have lunch before the group homework. Someone will order leak mousse with crisps as appetizer. How do they prepare this mousse? I will try to. It is crazy to think that that girl who used to take money from the father's wallet to have lunch in Gula Gula became this mad woman who records incoherent sentences not to forget an idea. I am going to stop. Just more 500 meters, an immaterial voice says. But I want to keep on walking and relaxing, feeling the sun, while this energy dissipates from my body. The victory is exactly in not disputing anything and being able to stop and enjoy what the heartbeats do to the body. No. I will continue. No. Just a little more, I argue with myself. I will stop. I decide. I stop.

Leek and mustard mousse
(This is my interpretation of Gula Gula's leek mousse.)

1 medium serving or 2 small servings
¼ cup of finely chopped onion ♥ 2 tablespoons of butter ♥ 1 thick leek or 2 small leeks (sliced, using just up to the light green part) ♥ 1 ½ cup of heavy cream ♥ 1 tablespoon of Dijon mustard ♥ 2 tablespoons of unflavored powder gelatin ♥ ¼ cup of hot water ♥ Scallion, finely chopped (if you wish) ♥ Salt and pepper as desired

Directions:

1. In a pot, simmer the onion until it gets golden.

2. Add the leek and let it stew until it starts to get golden.

3. Add the heavy cream and the mustard.

4. Dissolve the gelatin in the hot water.

5. Mix everything and take it to the blender.

6. Add the finely chopped scallion, if you desire.

7. Season it with salt and pepper as desired.

8. Put in a terrine and take it to the refrigerator.

9. Remove the mousse from the terrine and place on a tray. Serve with toasts.

Tip:

It is always a good idea to have this mousse in the freezer to serve when hosting friends or to take to your friends' places. It is very easy to make and you can keep several of them frozen.

‹ Savoring Rio ›

‹ Walking around with my All Star

When I quit my lawyer job, I would tremble only to wonder how I could be leaving behind a career which took me so many years to build. It is inspiring to review the things and understand just now, after a while, the exact gains and the consequent losses I had. The greatest gain of all was, with no doubt, to have a real life. Despite my pride regarding everything I lived as a lawyer – during a time when I was happy, and I am still grateful for having met wonderful people, for "real life", I mean more frequent experiences, such as feeling hot, walking, getting dirty and working with my hands, standing, and, at the end of the day, to throw my exhausted body on the bed. From my bedroom at home to the car and to the refrigerated office, I used to live in a constant aquarium, which prevented me from feeling the sun during the week. Abandoning all the high heels and exchanging them for All Star tennis shoes or flats, I became an habitué of street fairs, markets and Cadeg (a famous local market for cooks, caterers and restaurant owners). As time wore on, I realized it made me younger, that I started to do without tailoring clothes and, sagaciously, I was not afraid anymore to drive absolutely everywhere in town. Everything passed by and now I can just remember the butterflies in my stomach during the transition. The fear of not yet being who I used to be, together with the doubt of whether, one day, I would become the person I wanted to be, was scaring. At that time, people congratulated me for being brave, but, as absurd as it may sound, I saw myself as a coward for leaving so much behind and for, as I saw it, be giving up. Courage and cowardice have never been so close. At this time, I forced myself to absorb a day at a time with a serenity that had never been my characteristic. I simply needed to go on. And fear and challenge came along. One day, I realized I had found what I was looking for. Life and work were mixed up as only one thing, and I started to enter the houses of this city with the self-confidence of someone who has fun to earn a living and earn a living having fun. Not so much money, but enough to realize that I did not depend on someone who wanted to hire me and accept my imperfections. All I desired was to find someone who needed a cook, someone to make his/her party happen. And this belief that my phone would always ring, I owe to one person: my partner, friend and sister, Anna Elisa de Castro, more commonly referred to as Fofa. Even though we did not know at the time, she was completely different from me when we became partners. Even this was delineated by the Universe, and we are always learning with each other.

From everything I have learnt in this turnover, maybe the most important thing was the fact that I became able to disregard the routine sometimes, and to run away from it, with no guilt or self-punishment and, very important, not relating it with any track of irresponsibility. To allow myself to be, on a Thursday afternoon, at Bira de Guaratiba is not impossible anymore. It is something I do to breathe, to look around and to boost myself undamaged back to the routine. The following recipe is an interpretation of Bira's moqueca by Fofa, an extraordinaire vegetarian chef, who prepared it with no fish or crustacean, but with shiitake.

Shiitake moqueca
By Anna Elisa de Castro

8 servings
300 g of fresh grated coconut ❦ 500 ml of warm water ❦ 3 tablespoons of olive oil ❦ 1 large onion chopped in cubes ❦ 2 tomatoes chopped in cubes ❦ ½ red pepper chopped in cubes ❦ ½ yellow pepper chopped in cubes ❦ 1 teaspoon of salt ❦ 500 g of large shiitakes ❦ 4 tablespoons of palm oil ❦ 500 g of manioc flour ❦ Drops of red hot pepper oil (if you wish) ❦ ¼ cup of fresh cilantro, chopped

Directions:

1. Make the coconut milk putting in the blender the grated coconut and the warm water. Filter using a clean cloth or a bag to prepare green juice. Set aside.

2. In a wok, put the olive oil and sauté the onions until transparent.

3. Add the tomatoes, the red pepper and the salt, preferably Himalayan. Cook for 3 minutes.

4. Slice the shiitake and add in the wok to cook, until they are very smooth.

5. Add the palm oil and the coconut milk, cooking for additional 5 minutes, but do not let it boil. Adjust the salt and add a few drops of red hot pepper oil, if you like it.

6. Add the cilantro and serve the *moqueca* with a *farofa de dendê*, which is very easy to prepare. You need only to roast the manioc flour with the palm tree oil.

< Rust in the blue >

< Rust in the blue

Brick houses, unpainted houses, wooden houses. Steps, lots of steps. People going in and out alleys and lanes that only the residents know. They greet each other, always happy to come across the other. Children play on the cement steps and slabs, completely unaware of the passers. It looks like a week day morning, but today is Saturday in Rocinha. The rust and grey colors of the landscape contrast with the blue sea of São Conrado beach, near it. We are talking about a steep hill full of contradictions. In the main lane, the motocycle taxis operate under different traffic laws. Houses exhale smells (coffee, fried garlic and beans, lots of beans) which mingle in the air with the various sounds of a weekend that is just starting. The workers return to Rocinha and go to their flagging balconies, or someone else's, to set up their barbecue grills, turn on the speaker with their best playlist, as loud as they wish, and will be happy till Monday. And it is in this paradise of people who works, listens to *forró*, *pagode* or foreigner music around a burning coal grill, and shares their goat *buchada*, their barbecues and their lives, that an evil throbbing army lives, ready to shoot at the peace at any moment. Hard work and easy life. Innocent children and enticed children. Heaven and hell. But is heaven what I want to talk about. I want to tell that there the pans are always full and the barbecue is quite abundant. And nobody better than a Rocinha cook to turn any kind of meat into a delicacy. When I arrive, I notice that the stores give recipes of simplicity. "Boa Viagem" hotel and "Bom Apetite" restaurant make me curious and I reflect about that unpretentious world, which seems unaware of the complexities of the paved streets of Zona Sul. Then I arrive to my destination, led by friends that live in the community. A small two-store house, well cared, tidy and very clean. The menu is an almost melting chest beef. The same meat I use in the following recipe, as a tribute to all my friends in Rocinha.

Pot chest beef with white beans and baked tomatoes

8 to 10 servings

⌞ For the pot chest beef:
2 kg of chest beef ♥ 8 tablespoons of olive oil ♥ 1 bottle of good quality red wine ♥ 3 garlic cloves ♥ 1 purple onion ♥ 1 carrot in pieces ♥ 1 head of celery ♥ 2 tomatoes ♥ Salt and pepper, as desired ♥ 1 bunch of parsley ♥ 3 leaves of fresh thyme ♥ 5 L of water, or enough to cook

⌞ For the white beans:
2 cups of white beans ♥ 12 cups of water ♥ 3 bay leaves ♥ 50 g of bacon in small cubes (of 1 cm) ♥ 4 tablespoons of olive oil ♥ 8 cloves of garlic ♥ Salt as desired

⌞ For the filled tomatoes:
8 Italian tomatoes ("deborah"), red but not too ripe ♥ 24 garlic cloves ♥ 2 bunches of parsley ♥ ½ yellow pepper ♥ ¼ cup of manioc flour ♥ ¼ cup of olive oil ♥ 100 g of butter

Directions for the pot chest beef:

1. In a large pot, roast the pieces of chest with olive oil until they are slightly brown. Add the red wine, all the chopped vegetables, salt and pepper as desired. Add to the sauce the parsley and leaves of thyme. Let it cook for 30 minutes.

2. Add the water and let it cook for approximately 4 hours. Remove the pieces of beef and strain all the pieces of vegetables. Discard the pieces of vegetables.

3. If you wish, let the sauce reduce for a few more hours to use it.

Directions for the white beans:

1. Choose the grains and wash well the beans. Leave the beans under water in a covered bowl, overnight, the day before. Discard the water.

2. Put the beans, the water and the bay leaves in a pressure cooker. Close the pressure cooker and turn on the high flamed fire. When the pressure causes the cooker to start whistling, reduce the flames and let the beans cook for 30 minutes. Wait for the pressure cooker to cool completely and open it to taste the beans in order to find out whether they are ready or not. If they are not, close the pressure cooker and let it cook until it gets done.

3. In order to season the beans, let the bacon golden, add olive oil and the chopped garlic until it gets golden, but preventing it from getting dark. Add the beans and salt as wished and let them cook for approximately 10 minutes

Directions for the filled tomatoes:

1. Cut a top in each tomato and clean them inside, leaving them flat.

2. Finely slice the garlic cloves and chop the parsley, discarding the stalks. Chop the yellow pepper in cubes of 0.5 cm. Set aside.

3. In a bowl, mix the flour, the olive oil and the butter, as homogeneous as possible. Add the garlic, the parsley and the pepper you put aside.

4. Set the tomatoes in a baking sheet and fill them with the crust resulting from the mix of ingredients. Take them to the moderate oven for approximately 25 minutes. If they are not toasted, leave them in the oven for a few more minutes (without letting them burn).

Tips:

- The good kitchen recommends peeling the tomatoes when they are toasted.

- Serve in deep dishes, with the beans in the bottom, the beef and the tomatoes on top.

♡ ♡ -- ♡ ♡

Memories from Old Rio...

The area known as Rocinha nowadays was part of the "Quebra-Cangalha" farm. In 1930, this farm was divided into many lots, which gradually were occupied by residents that planted fruits and vegetables to sell in Santos Dumont Square. It seems that they were high quality products and when the producers were asked where they came from, they would say "from Rocinha", name by which this area of the city became known.

‹ Savoring Rio ›

‹ In the heat of this city ›

People say that there are only two seasons in Rio: the summer ends in December and then the "hell" starts, impacting our lives, with people compulsively complaining about the heat and cooking less because they are outdoors. Hardly anybody would propose a *feijoada* in January or February. It is exactly at this time of the year that the contradictions of the city arise, because Rio de Janeiro is both a metropolis and a bucolic city. Even though it is an urban center, there is a giant forest in the city. People who live in Alto da Gávea, Horto or Alto da Boa Vista are within the Atlantic Forest. Consequently, to observe the seasonality of each place and the fruits given by the land each month is an obligation of every good cook. Fresh food is the most important ingredient in any recipe. Food that did not travel, was not canned and without any chemical preservative, is always better, regardless the cuisine we are talking about, because this is an universal rule. The Europeans are concerned about eating fresh food and appreciating each ingredient at the appropriate moment. Because I always buy a lot of each food during its harvest, I started to prepare compotes, preserves and terrines and put them in the refrigerator (compotes and preserves) and in the freezer (terrines). Usually, after carnival (February or March), I come from my mother-in-law's country house with an overload of star fruit. I prepare the sweets and jams I will eat during the year. At my house, papayas never ripen, which I love, because I make green papaya sweet which my mother taught me. When I find a few mushrooms or a leek in my refrigerator, I make terrines. I have always an appetizer prepared at home for a last minute guest, and this is good not only as a way to make the most of the food but also as a way to get organized. I appreciate the kindness of going to someone's house and eat a food prepared by the own host. I always have things ready to offer to guests, regardless the weather is appropriate to cook or not. Those strawberries at the end of the season, left in the market shelves at low prices, can become jams. When October arrives, buy lots of jabuticabas and make *caipirinhas*. Why would you use canned lychees? Tomatoes on sale are not usual nowadays, so, if you find them, buy and prepare a preserve with olive oil and basil. Go to the fair market to buy fresh fish. Other versatile, sustainable and healthy idea is to take advantage of the prices of the good harvests of pumpkin, carrots or parsnip and make soups. If it is hot, make cold soups. The leek soup is delicious. In our catering company, we serve a cold soup made of carrot, coconut and ginger. Watercress also becomes a delicious cream that you can prepare just adding 1 medium potato and 1 tablespoon of fresh heavy milk. This is the reality of a country where pumpkin grows even in the rubbish, passion fruits take over walls and mangos fall in the streets. Enjoy!

Compote of star fruits with apricots

1 serving (1 big bowl)
1 ½ kg of star fruits sliced in stars of 0.5 cm ♡ 750 g of sugar ♡ 2 sticks of cinnamon (approximately 7 cm each) ♡ 2 L of water ♡ 150 g of sun-dried apricots

Directions:

1. Put everything in a pot, except for the apricots, and boil. Turn down the fire and let the mix boil at low fire, with no top on the pot, for approximately half an hour to 2 hours or until it produces a yellowish foam, which it is when it begins to get thicker.

2. Put the apricots in the pot, let it boil for an additional half an hour.

3. Let it cool and take it to the refrigerator.

Tip:

Sugar is a very effective conservative, so you will have this sweet at the fridge to serve whenever you need a dessert. You may serve it with a very fresh cheese from Minas Gerais, may prepare a caipirinha, *may put on top of a pudding or even use a few star fruits or apricots in a salty dish, such as chicken or pork. I love mixing salt and sweet.*

< "for rent" in Leblon >

Everybody has a place in the world where his/her soul feels more comfortable. Mine is Leblon, in the square formed by the streets Visconde de Albuquerque, Dias Ferreira, Venâncio Flores and General Artigas. Coming and going from school, law school and work, during 23 years, I went to these streets whenever I came home. During vacations, we, teenagers, would play an irresponsible "hide and seek" throughout our entire block and the 19 floors of our building. Exactly behind our building, there was a public library where many of us would read a book while waited for endless hours until be found by the other friends. There, in those streets, we also used to do things by ourselves, such as buy cardboards at Mr. Souza's stationery, in the next block, or buy candies in Ambrosio's grocery – an old style grocery store that sold Grapette, Teen and Crush, sodas that do not exist anymore. Next to the grocery, there was Edith's Drugstore, and next it another stationery, Mr. Joaquim's, smaller than Mr. Souza's. I have always liked Mr. Joaquim best, a kind Portuguese gentleman that, different from Mr. Souza, heard well and I hadn't to scream to be understood. Along the years, I have watched these stores change. Mr. Souza's shop first became a laundry. Then, when Ambrosio opened a restaurant, Flor do Leblon, he incorporated the portion that used to be Mr. Sousa's stationery. On Sundays nights, my father used to call to Flor do Leblon and order a "well-done ham pizza" – I will not even try to explain why "well-done" was an indispensable recommendation. Or, instead, he could order lasagna from "Lasanha Verde", which was located where the restaurant Sawasdee is now established. Currently, Ambrosio's and Mr. Souza's stores compound the famous Leblon bar "Belmonte". Edith's drugstore did not survive and became one of these chain drugstores. The public library became Argumento Bookstore, in Dias Ferreira Street, and our reading room in the former library today is "Café Severino". Mr. Joaquim's store became a haberdashery, where his son was always very kind when I needed something. Dias Ferreira Street became a gastronomic pole, and one of the most expensive square--meter in Brazil.

Some time ago, I passed in front of Mr. Joaquim's and, with an almost Lusitanian nostalgia, I read the board in which was written: "For rent". However, for my surprise and joy, despite Mr. Joaquim had closed his haberdashery, it was there that my dear Bel, who honors the city's gastronomy with her delicious cakes and truffles, established her beautiful store: Bel Trufas.

Elegant Sunday lasagna (with cheese and spinach)

8 to 10 servings

For the sauce:
4 "Italian" tomatoes ♥ Olive oil

For the baked tomatoes:
1 can of peeled tomatoes ♥ 1 garlic clove ♥ ¼ cup of olive oil ♥ 1 teaspoon of salt

For the baked filling:
½ large onion ♥ 1 tablespoon of butter ♥ 2 bundles of spinach ♥ 100 ml of heavy cream ♥ Nutmeg, salt and pepper as desired ♥ 500 g of fresh buffalo mozzarella (sliced) ♥ 100 g of grana padano cheese (grated)

For the pasta:
2 L of water ♥ 1 tablespoon of salt ♥ 400 to 500 g of lasagna pasta

Directions for the sauce:

Mix in the blender the peeled tomatoes cooked with the garlic and seasoned with the olive oil and salt (after cooking, discard the garlic cloves).

Directions for the baked tomatoes:

1. Preheat the oven to moderate.

2. Slice the tomatoes and sprinkle olive oil, organize them in a baking sheet and take to the oven for approximately 20 minutes or until the slices get golden and dry. Set aside.

Directions for the filling:

1. Finely chop the onion and simmer it with butter until it gets golden.

2. Remove the sticks of the spinach and add just the leaves, simmering it with the onion until it withers.

3. Take the spinach into the cutter and put it again in the pan, let the water reduce even more. Add the cream, nutmeg, salt and pepper. Set aside.

Directions for the pasta:

Boil water in a large pan with salt and cook each piece of lasagna pasta.

Building the lasagna:

Interleave layers of: cooked lasagna pasta, mozzarella, baked tomatoes covered with tomato sauce and spinach cream, placing the mozzarella after the spinach and the tomato. The last layer must be of lasagna pasta covered with the grana padano. Take the lasagna to the oven for approximately 30 minutes or until it is boiling and the cheese has broiled.

‹ Partying in the Carioca bar ›

‹ Partying in the Carioca bar

Our city dawns as if every single day was a party. The golden sky in the morning reaching the blue sea nourishes our people. And, when the night falls, the party begins. We meet and come across each other in the corners, between juices, newspapers, beers or temakis. In our comings and goings, we get a job, sell a car, are invited to a party. In Rio, to be familiar with waiters, beggars and *flanelinhas* – teenagers or grown-ups who look after your car when you park on the street – is a rule, because here the world is really small. In Rio, everybody is cousin of the cousin, friend of the friend, went to the same school, lived at the same street, played volleyball together in the beach or sat one beside the other at Maracanã, which makes any encounter a true celebration. And there is so much joy that people wish to get together again and do not help saying "Step by my place anytime!" But this means nothing besides that it would be wonderful to see that person again – which very likely will not happen. I make a point of talking even to a person who tries to pretend not seeing me, eliciting an energy of people who enjoy the life. I may be getting on your nerves with all this, or you might think that I decided to see Rio as a bed of roses. Not at all. Despite so many inconsistencies, I can see beyond the problems, and here it seems we never have enough time. Usually, there is not enough time to go to so many parties. Life here happens with no shy, and art calls us outdoors.

Rio is the city of parties and bars. And in the gastronomy found in the Carioca bars, what inspires me the most is the Portuguese influence, somewhat a dejà-vu *of something that is not exactly ours, but our grandfather's, or of that Portuguese friend of his. During summer or winter, at home or at the beach, with beer, white wine or* cachaça, *a pan full of seafood reminds the sunny blue sky of this city. Easy and elegant, such as the Rio I love.*

Seafood pan

8 servings
1 kg of medium grey shrimp ♥ 3 medium calamaris ♥ 5 steaks of seabass, sealoop or *dourado* fish ♥ Salt and pepper as desired ♥ 1 lemon (if you wish) ♥ 1 tablespoon of cornstarch ♥ 1 tablespoon of chive ♥ 2 yellow peppers ♥ 2 red peppers ♥ 4 tablespoons of olive oil ♥ 1 teaspoon of finely chopped garlic

Directions:

1. Clean the shrimps and calamaris, slicing the latter.

2. Season the fish and the seafood, if fresh, with salt and pepper for some hours. If it had been frozen, add lemon to season it. Powder it with cornstarch. Set aside.

3. Finely chop the chive and garlic, and chop the peppers in small cubes.

4. Boil the pepper cubes and then throw chilled water in them for a brunt. Remove from the water and set aside.

5. Warm a large frying pan or wok with olive oil and fry the garlic until it gets golden. Add the fish and the seafood and let them golden lightly, taking care for the fish steaks not to break. Add the cubes of red and yellow pepper, balance the olive oil and sprinkle the chive.

6. Serve with white rice or with baked potatoes with rosemary.

< Savoring Rio >

< Carnivore, flesh, bones and soul

I was there standing, waiting for you. I believe I was with a fierce face, as if I was taking care of the corner. You take too long. The problem of waiting is that we have a chance to rethink about the person we are waiting for. For example, we could go to a barbecue restaurant. I have not been in one for years... This vegetarian stuff sometimes gets on my nerves. I can eat any animal in the world. And I may decide not to eat any. It depends on the day, ok? I can eat all the plants, mushrooms, eggs, gelatin. Gelatin comes from animal, and you eat it, I have already seen! I have also seen the greatest gastronomic mistakes on behalf of... what? Sometimes I think it is on behalf of health, because there are a lot of people in this city who want to be perfect. Other times I think it is to protect the animals. But, I wonder, and the plants? Other few times yet, I swear I think it is to be part of a group, which dictates rules. And, obviously, it is always changing them, just to confuse. But I really do not consider you a more polite human being because you do not eat meat. And I do not think I am rough or indecorous because I do. But, as you know, the transparency entirely reveals me and, when this happens, I am as raw meat. Of course, because I am human and primitive, I let words escape from my eyes, including those that show the best and worst of me, those that, if I was aware, I would not say. A Chinese person would be able to read the words that escape from my eyes, on a rudimentary lapse, even if I do not speak a word in his language. And now, tell me, how a person like this, who gets naked in front of a completely stranger, would not eat meat? The nature of such a being does not allow it comes to this world with deprivations. What I could not imagine, in the most diligent observation of this intense, wild and overly translucent character of mine, was that you would arrive here today, after all this waiting, and ask if I wanted to go to a barbecue restaurant. Frankly... It is incredible frank. It is beyond words. Roughly raw.

Picadinho rolls

30 servings (30 rolls)
1 cup of black beans ♥ 2 garlic cloves, squeezed ♥ 3 tablespoons of olive oil ♥ 1 bay leave ♥ Salt as desired (for the beans) ♥ 1 garlic clove, finely chopped ♥ 1 cup of rice ♥ 2 cups of water ♥ 1 medium onion ♥ 1 tablespoon of butter ♥ 300 g of ground beef ♥ Salt and pepper as desired (for the beef) ♥ 3 tablespoons of flour ♥ 3 egg whites ♥ 500 ml of soy oil (to fry) ♥ 3 bananas ♥ ½ tablespoon of butter ♥ 1 branch of parsley

Directions:

1. Select the beans and put them in a pressure cooker – cover them with water enough to exceed 3 cm their volume. Let them cook for approximately 30 minutes.

2. Golden the squeezed garlic with 2 spoons of olive oil, add the beans, seasoning them with the bay leave and salt, let them boil for some minutes so that the beans absorb the season. Set aside. You will only use 2 cups of these beans, regardless the amount you get.

3. Golden the chopped garlic with 1 spoon of olive oil. Mix the rice with the garlic for 2 minutes with a spoon. Add water. Add salt and put a top on the pan. If necessary, add more boiling water to finish the cooking. Set aside. You will only use 2 cups of this ready rice, regardless the amount you get.

4. Finely chop the onion and cook it in butter. When it gets golden, add the beef, salt and pepper. Go mixing until the beef is cooked. Set aside.

5. In a bowl, mix the rice, the beans, the beef and the flour. Mix well and make small rolls. Squeeze them with your hands so that they become round.

6. Put the egg whites in a bowl and immerse the rolls in there before frying. Fry each roll.

7. Slice the banana and grill in a frying pan with ½ tablespoon of butter.

8. Place the rolls in a platter with a slice of banana on the top, seasoning with the chopped parsley and adjusting the salt if necessary.

‹ from crepe to aisle

Feminists will want to kill me: but every woman dreams of getting married. Despite having denied this - like many other women – for a long time, I came back to Brazil from the United States in 2000 determined to find a husband. Before returning to Brazil, I had a beautiful gastronomic trip with a friend from Costa Rica, Dyalá. I left Washington, D.C. and went straight to Lisbon, willing to try every delicacy. Not that I am greedy, but in Portugal, my hunger increases. A lot. I ate cods and desserts whose memories still send endorphin to my brain. From there, we went to Paris, where we kept on eating.

With the purpose of getting married, in Lisbon, I entered St. Anthony Cathedral and made a wish. Not one, but two. I asked a husband to my friend too, but I did not tell her, nor asked whether I could, I just told her about my wish. Once my wishes were delivered to the Saint, I shortly forgot about them, and even worse, I forgot what I had vowed if my wish came true.

In Brazil, I started to decorate my home, a delicious apartment I rented right above Celeiro, at Dias Ferreira Street, in Leblon. My container arrived with the cooker and refrigerator of my dreams. When I remember this apartment – which was the first in Rio where all my things, my books, my photos and my life were under the same roof – I also remember the beginning of *Breakfast at Tiffany's*, when the narrator says that when he put his hand in his pocket and felt the keys of the apartment that stored his world somewhere in East Seventies New York, his spirit heightened. It was exactly like this that I used to feel when I thought of my own place, with yellow walls and fresh flowers every Friday morning.

All of this was to take to the point of this story when the wish – or miracle, as my husband says – came true. I met him 45 days after coming back to Brazil, at a St. Anthony celebration that I used to go. We started to go out and not long after that he slept over for the first time. My refrigerator, which used to be always full but, on that particular day, had nothing but a glass of porcini sauce, eggs, butter and milk. The options for breakfast for a lazy couple starting a relationship were limited.

I asked him what he wanted to eat and he answered that he would love to eat one of those crepes, "just like Chez Michou's". Annoyed with his boldness, but happy to find a solution for our breakfast straight from my poorly supplied refrigerator, I said "This is possible!" I prepared the mushroom crepes I used to make in the brunches I hosted in Washington, D.C. My husband says that he decided to marry me on that moment. Love is cheesy and the saying that you catch a husband by the stomach has never been so true.

It is not difficult to imagine the rest of the story. Like every couple in which the woman lives by herself and prince charming finds a neat, cozy and stylish home to dwell in, he didn't think twice before lodging himself at my place. Six months later, he proposed.

When I called to tell the news, Dyalá reminded me of the wish to St. Anthony. And I secretly remembered that I had wished for her too. But I had forgotten what I have promised in exchange. For both of us. The fact is that, one year later, we were in Paris, where Dyalá and her boyfriend lived, for another wedding. May St. Anthony be worshiped!

Porcini mushroom crepes

4 to 6 servings

For the dough:
½ cup of wheat flour ♥ 2 eggs ♥ 3/4 cup of milk ♥ ½ teaspoon of salt

For the filling:
1 small onion ♥ 2 cups of hydrated porcini mushroom ♥ ¼ cup of butter ♥ 1 cup of fresh heavy cream ♥ ¼ teaspoon of salt ♥ Freshly grated pepper, as desired

For the sauce to broil:
¼ cup of butter ♥ ¼ cup of wheat flour ♥ 2 cups of boiling milk ♥ 3 tablespoons of heavy milk ♥ ½ cup of gruyere cheese ♥ Salt and pepper as desired ♥ 1 tablespoon of grated parmesan cheese

Directions for the dough:

Mix the flour, eggs, milk and salt and beat using a mixer at medium speed. Let it rest for one hour at room temperature.

Directions for the filling:

Chop the onion in small cubes and slice the mushroom. Let the onion lightly golden with butter. Add the mushroom and mix. Add the heavy cream and mix. Season with salt and pepper as desired.

Directions for the sauce to broil:

To prepare the sauce to broil, mix the butter with the flour in a pan and mix until it is lightly golden. Add the milk and mix it continuously until you obtain a thicker white sauce. Add the heavy cream, grated gruyere cheese, salt and pepper.

Concluding the crepes:

1. Pre-heat a 25 cm non-adherent frying pan and quickly spread a little bit of butter. Spread half of a soup ladle of the dough in the pan and let it bake for a while or until the border can easily come off the pan. With the help of a spatula, turn around each crepe so that both sides grill. Repeat until all the dough has been used.

2. Put 1 or 2 tablespoons of the filling in the center of each crepe and fold the borders, making a square. Turn each of them so that the part with no folds is at the top and organize them in a platter.

3. Cover the crepes in the platter with the sauce to broil and sprinkle the grated parmesan cheese. Take the platter to the oven for 20 minutes or until the crepes have broiled.

Tip:

If you prefer, it is not necessary to make the sauce to broil. Make the crepes as cones and sprinkle parsley, chive or any sprout on the open part. It is very charming.

《♡ ♡ 》

Memories from Old Rio...

Speaking of Rio without mentioning the city of Búzios is the same thing as speaking of Búzios without mentioning Chez Michou, the crepe store established in 1982, when Búzios was leaving behind the status of fishing village that fascinated Brigitte Bardot to become an elegant beach destination. Chez Michou was the first Carioca crepe store and was the result of a partnership between Belgian and Argentine entrepreneurs. It became famous for the casual manner the Argentine called out loud the customers by their names to say that their crepes were ready. Because it fits perfectly to the Carioca spirit, today Chez Michou counts with many franchising stores all over town.

《♡ ♡ 》

‹ Savoring Rio ›

‹ Roots in the beach

Every day, Esmael, the fisherman, brought the fish and it was irresistible: we would take its eyes off. Then, that eyeless fish would stare us. Sometimes, there were two fishes and, occasionally, he also brought shrimps, everything with sea smell. Later, when there was nothing to do, we would walk barefoot and would tread the thorns on the sand. I do not know the name of that stuff, but it did not hurt. There were also the *tatuís* – a very small Brazilian crustacean –, which had no use, but we needed to hunt them and we would sit there for two, three hours doing that. On a certain moment, mom would remember that we existed and, from the balcony of our house, would call out two children, who were within the sea. "Kiiiiiiiiiiiids, come over! Lunch is ready!" And then, the echo of the desert beach would reach our stomach. From my memory, I drip a cloud of shuffled images. A pork over burning coal, roasting right in the middle of a circle of people, some in bathing suits, on an evening environment seasoned by the smells of beer and coal, all surrounded by wire fence in a rustic space with a few brushes, from where voices singing samba came. The dark house had lampions everywhere, which inspired the conflict between the smell of kerosene and ours of rose soap – which was even more evident in our sunburned skin. Straw mats over the grass in front of the house, my aunt beside me, trying to make me asleep, looking up to a starry sky and to a sea that was rougher than in the morning, but still quite inoffensive. Within the house, the smoke of the cigarettes arose in front of the white light from the alternator, which allowed us to clearly see the only one way to the modest beds of mattresses over masonry. Finally, a white Chevette in front of a hammock, a girl with a ribbon around the forehead, a boy with a hamster in his hands and a week ahead. This was Geribá, in Búzios, in 1977.

Out of the simple food served at the time, I remember that if we walked to the left corner of Geribá, we would find, quite isolated, a stand where a woman called Dalva sold beer, pastel and empadas. *Time that does not come back. I started to like* empadas *since then.*

Empada of shrimp with heart of palm cream

10 to 12 servings

‹ For the filling:
150 g of medium grey shrimp, clean ⚜ Salt and pepper as desired ⚜ 1 finely chopped garlic ⚜ 2 tablespoons of olive oil ⚜ 150 g of heart of palm ⚜ 1 branch of parsley, finely chopped ⚜ 100 g of Catupiry® (or any similar cream cheese) ⚜ Chopped parsley ⚜ 2 to 3 drops of chili pepper

‹ For the dough:
1 ½ cup of wheat flour ⚜ ½ coffee spoon of salt ⚜ ½ cup of butter ⚜ 3 tablespoons of cold water ⚜ 2 egg yolks

Directions for the filling:

1. Season the shrimps with salt, pepper and garlic.

2. Warm the olive oil in a frying pan and seal the shrimps.

3. Add the heart of palm, the chopped parsley and let it heat. Add the Catupiry®. Adjust the salt and add 2 or 3 drops of chilli pepper.

Directions for the dough:

1. Mix the flour, salt and butter. When it is possible to open the dough, add cold water and keep on working the dough with your hands. With a rolling pin, open the dough.

2. Cover small baking pans of *empadas* (similar to muffin baking pans) pressing with the hands so that the layer is not very thick within the baking pan. Cut a top for each *empada*, fill them and put the tops, pressing again to close the tops with the dough inside the baking sheets.

3. After beat the yolks with a fork, spread a layer of it over the top of each *empada*.

4. Take the *empadas* to moderate oven over a baking sheet and let them bake for approximately 30 minutes.

‹ On the mountains ›

‹ On the mountains

Take these flowers, as last night I dreamt about you. I dreamt about your country house, in a toast to inspiration. You and your world have been inspiring me for more than twenty years. And also, for many years, when the sensations of this world remind me I am alive, I call out my daughters to live a certain point in the time that I want to become eternal. Floating over that piece of magic, many times I feel the urge to call them to enjoy what the land gives us. The smell of rain in the forest. The burning coal, lost in the woods. The silver of the hill that reflects in the mountain and intoxicates the minds of a person who is sat against the cliff, near the pool. The clouds which are so close to such a private world. Silence, the noble silence. You use the most beautiful tones of that watercolor to paint the others' future with distinction and aesthetical clearness, and, when I am with you, I know nothing bad will happen to me. Staying in that bedroom, with rosemary in flowerpots, jugs and candles, organized some uncertainties and nourished a tired soul, in distress. With these flowers go the recognition of what the contrast of many greens with the blue sky have done with a restless heart. Flowers that whisper to tell that the time spent in the mountains allowed that the veiled crying that had not spouted for years. For fear, for the obscurantism of realizing the cry was about to happen or for the embarrassment of wanting to cry. With the soul loosened for the laughs and the chats washed with wine, I left, but I left a little bit of myself there. Smoothed down by the intensity of your certainties – when my life is concerned –, I imagined that I could calmly behave until luck approached me and turned the tables. I left with the certainty that, over those beds, many couples would love each other and look the world with the colors that just your house has, through windows frames that just love is able to see, a raw world. In other words, I want to say that no other therapy would make me stand so still as that piece of land where I saw the nature reveal itself with an unusual boldness, which, by no coincidence, is also so you. After fixing some injuries, I got back to the beginning that I so much sought. I love you. Forever.

When I returned from the dream, for some reason, I passed by the store that sold cocada. *And, with my mouth sweetened by the flavor of my happy childhood, I breathed relieved. My eyes slowly closed, and my body, protected by the calmness, quietly obeyed the command I was being given: "Slow down."*

Creamy *cocada*

10 servings
300 ml of water ♥ 1 ½ cup of sugar ♥ 1 fresh coconut, grated ♥ 1 can of condensed milk

Directions:

1. Put the water with the sugar in a pot and let it come to a boil until you obtain a transparent liquid.

2. Add the grated coconut and mix from time to time, until almost all of the water evaporates.

3. Add the condensed milk and go on mixing well.

4. When the *cocada* is almost one sole block and practically getting loose from the bottom of the pot, it will be ready.

5. With the help of a spoon, make smalls rolls of *cocada* and place them over a piece of baking paper, silpat or over a very clean marble counter greased with butter. Let them dry.

‹ Savoring Rio ›

‹ Coloring the sidewalks

I could have waited to leave the office with you, but I preferred pretending Rio was Paris and sat by myself at Guimas' counter. The white wine bottle before me emptied at the exact rate of my ability to understand the relationships around me. And, the more wine disappeared, the better I could listen. The crowded sidewalk translated the obvious: everyone wants to be loved. Even in times when the virtual encounters operate in a clear dissimulation of the loneliness, we need to boast all over the streets that invented joy of the pictures of the web. It would even fit if we were already at the top of the November holidays; but on December, with the smell of novelty in the air, streets are irresistible. However, there is something here inside me trying to outpour, which throbs at the same time it yearns for forgiveness, for acceptance, as within any mortal. Thus, the simple mortals need to color the sidewalks to worth the love that is just revealed when everyone go out to the streets. I am still paying attention to everything, mainly to the women who complain about the men. Also to the men who pretend complaining about the women, and paradoxically, I search those who are looking for seduction. Not the material seduction, those who desire each other sexually, but those who understand themselves and look for the satisfaction of their own rituals, far from the collective amnesty. They seduce themselves and never feel abandoned. They do not need to frantically type, trying not to seem alone. These people exist and are peaceful, regardless the unlikeness before people like you and me. It is as if we hover in an environment of dreamers. And, against alcohol that gradually makes everyone around me speak louder, exactly as I would if I was speaking, their tone is adequate. With their pairs, their children, their parents.

I saw through the window that you were coming, but still far. I observed you walking. Restless, as if you did not want to miss anything happening around you. Between a sign and other, which guided your look, I understood you looked for without looking for. At the same time, I felt sorry for and proud of ourselves when, startled, I discovered the name of this throbbing and cyclical thing, alive, challengingly tireless, which, when we are in disbelief, drags us by the arms and pushes us, hurt us and protect us. Its name is restlessness.

Chef chicken

(This is my interpretation of "Frango do Chef" of Guimas restaurant.)

6 servings
1 kg of chicken breast chopped in small steaks ♥ 100 ml of white wine ♥ 1 purple onion chopped in cubes ♥ Salt and pepper as desired ♥ 3 tablespoons of olive oil ♥ 600 ml of good quality *requeijão* ♥ 500 g of preferably homemade potato crisps, in fine sticks (such as straw)

Directions:

1. Season the small steaks with the wine, onion and pepper on the day before. Leave them in a bowl with a top, in the refrigerator during the night.

2. Grill the small steaks in a frying pan or grill, and slice them in pieces.

3. Divide the pieces of chicken into small oven-safe bowls or place them in a large platter. Cover the chicken with *requeijão* and take the platter (or small bowls) to the oven for approximately 20 minutes. Remove from the oven.

4. Place a bunch of potato crisps over each bowl or the platter at the time you serve.

‹ June ›

My older daughter was 3 months old and I was suffering with nannies. From a private life typical of the twenties, I landed in the unreserved world of those who need to count on employees at home. I ended hiring wrong people and, therefore, the word "intimacy" evaporated from our life. One day, my friend Bia called me and, maybe even not knowing, she made me the biggest favor someone could ever have made for me. It is been 13 years since Lene came to work here in my house, recommended by her. And I have learnt so much during this time! In the first weekend she worked here, Lene had a severe dizziness and, despite the numerous setbacks with those who had passed by our house, something told me that things would be different with her. I realized she was going through a difficult moment. Gradually, her life became better, everything passed, and I earned two things: the best nanny in the world and the lesson that if we want to receive, we need to give.

Since then, I have a loyal, devoted and funny friend, living at my house during part of the week, and who takes care of my daughters when I am not there as if they were hers. Lene brings from Nova Iguaçu, where she lives, and put in my daughters' closets any item that may be lacking, such as socks, hair clips and ponytail bands not letting me know or asking for refund. She calls to ask if we are correctly counting the medicine drops, she takes care of our things with love. Buttons sewn, shoes always clean, sometimes I see one of the girls wearing some new shorts made by old trousers, which she took home, cut and sewed the hem. Besides this, she drives our car and takes the girls to ballet and English classes, whenever I need to sleep a little more. She had always been present in all the girls' birthdays, before, during and after. A bright fairy, like Cinderella's, who would transform a pumpkin into a carriage. There was a time when my husband used to travel a lot and I would stay by myself during the weekends. Oh, it was so good to have her making company, cooking, going to the beach or shopping with me and the girls. At that time, I was almost married to her. Talking about marriages, I will never forget her eyes full of tears, crying all over the house, for me, on a sad moment of my own marriage. Three years ago, Lene had her second daughter, who is my dark-haired princess of the weekends and has the most hugged hug I have ever received in my life. Luiza is her second heir. With her magic hands, Lene prepares beautiful cakes which spread its aroma all over my house, making it possible for me to be more loyal when I call it home. Among so many delicious dishes that she prepares here or in her house, it was tasting her manioc cake – prepared in order not to waste a kilo of manioc – that I had inspiration to create my own. June's fresh manioc is the delicious root that put us in front of the cooker to begin the June's delicacies.

Manioc cake with almonds

1 baking tray of 30 cm of diameter
150 g of almonds ❦ 1 tablespoon of butter ❦
1 kg of manioc ❦ 3 tablespoons of fresh grated coconut ❦ 4 eggs ❦ 150 g of melted butter ❦
200 ml of coconut milk ❦ 500 g of sugar ❦
1 pinch of salt ❦ Butter

Directions:

1. Preheat the oven to moderate.

2. Put the almonds for 30 seconds in a pan with boiling water, then put them in a pan with chilled water for 30 seconds. Wrap them with a towel and rub until the skin is completely removed. Spread the butter on the almonds and leave them aside.

3. Peel the manioc and grate it. Mix the manioc, the grated coconut, the eggs, the butter, the coconut milk, the sugar and the salt. Adjust the sugar if necessary.

4. Butter a baking tray and pour the mix. Take it to moderate oven for 30 minutes or until it has become golden on the surface.

4. Remove the baking tray only for a few seconds to cover the cake with almonds. Put the baking tray back in the oven and bake for additional 15 minutes.

‹ Savoring Rio ›

‹ August's second Sunday

I woke up distressed and needed to make this text out of me. I went to the past because every year, when this date arrives again, I look for pictures of us and just find those in distant places, where we have not been for a long time. I understand everything changed, it is true. See the clothes and haircuts, they are so obsolete. I even feel sorry to see that some things evolved, but how could this happen if the world ended on that morning of December 28, 1993? My most recent memories are deeply disturbing. They make me think you could be here today, get to know my daughters, my beautiful nephews and my husband, but you are not. So I prefer going to my childhood, because it is too far away and it could not have lasted that long so that you could still be in my world. At that time, my brother and I were practically the same person, we breathed the same air and drank from the same source. Usually, we would have lunch at home, and mom would prepare something because all the restaurants in Leblon would be crowded. If your pockets were full, we would head to Antiquarius, or Le Relais, at Venâncio Flores Street, to eat that Oswaldo Aranha steak that you enjoyed, and my brother would order steak and French fries or stroganoff, his only two options. If you were not as wealthy, we would go to Panelão, at the same street, and my brother, besides lost, would be happy because the *quindim* they served there was great. If you had little money, maybe we would go the Jockey or La Mole, do not ask why, with those endless appetizers; but my brother would like going to the Jockey because of the horse races. At the end of the lunch, which was never that peaceful, you would give me an amount of money, which my friends would always think improper for a child's pocket, explaining that a girl should always have her own money. We sat at so many tables and, between sips in your whisky, always so poetic, you would make me cry somehow. You would invariably say a catchphrase, incomprehensible for a girl, but which I would smartly store in my chest, with no translation, and years later, it would help me to settle a conflict. Our life was like that, my brother tried to be unaware of your storms because you made it rain too heavily, sometimes. Oh, how I miss our storms. Nowadays, the storms are not philosophical, they are more mundane, it is a pity. If your are reading this, please, somehow make it rain heavily, with thunders, at my home, because we are going to stay here together, listening to the sounds of your thunders, drinking whisky and eating Oswaldo Aranha steak, which people do not order in the restaurants anymore.

Le Relais' Oswaldo Aranha steak
(This is my interpretation.)

6 servings
1 kg of Asterix potatoes (those with rose skin) ♥ 400 ml of oil to fry ♥ 8 garlic cloves ♥ 4 tablespoons of extra virgin olive oil ♥ ½ onion, finely chopped ♥ Salt and pepper as desired ♥ 100 g of butter ♥ 300 g of manioc flour ♥ 1 kg of filet mignon ♥ 1 bunch of parsley, finely chopped

Directions:

1. Make the potato chips slicing the potatoes, with a help of a mandoline. Fry them and set aside.

2. Chop the garlic cloves and fry them with the olive oil until they get golden. Place them on kitchen towels so that the exceeding grease is absorbed. Set aside.

3. Make the *farofa* by stewing onion and butter until the onion is golden and adding the flour. Mix it non-stop and, when roasted, add salt. Set aside.

4. Cut the filet mignon into steaks of approximately 1 ½ cm high. Season them with salt and pepper and grill them with a little bit of butter.

5. To serve, crumble the potato chips and mix the crumbles with the garlic, *farofa* and chopped parsley. If you wish, add also rice, which is how it was served at Le Relais. I remember...

< August second Sunday >

Quindim

30 to 40 servings (depending on the baking pans)
21 egg yolks ♥ 350 g of sugar ♥ 100 g of grated fresh coconut ♥ 2 tablespoons of melted butter ♥ Butter and sugar to sift

Directions:

1. Separate the yolks and sift them using a colander.

2. Mix the sugar, the yolks, the grated coconut and the butter.

3. Grease the small baking pans with butter and sugar and fill them with the mix. Let them rest for 2 hours, so that the coconut get separated from the eggs.

4. Put the baking pans on a baking sheet with water (bain-marie) and put them in the oven, turned to moderate, for 40 minutes, or until the coconut on the surface has become brownish.

5. In order to remove the *quindins* from the baking pans, take each to the fire for a few seconds.

‹ Savoring Rio ›

‹ Rain in Rio

There is nothing better than staying at home, but Cariocas have an obligation to go out in the sunny days. So, when it rains, life is perfect. As we are prevented from enjoying the sun, we are authorized to waste as much time as we want. In these days, we may do whatever we want: to slowly read the newspaper while take a 4,000-calorie breakfast, organize the closets and innocently change the place of some things or even make nothing, take a nap between the chapters of a book, and wear pajamas all day long. The movie theatres usually present the highest occupation rates in the rainy days, because Cariocas never know where they can go. TV is just an option when my husband is not at home, because when he is, I will ignore the sport channels he will channel-hop before my eyes all day long. A rainy day in Rio de Janeiro is like a snowy day in colder places, which gives us a rare option of silence and loneliness. In Rio, it is difficult to be alone because the bars and parties are always inviting us to come in and insisting on us having one last drink. Rain invites us to reflect and organize the plans, dreams and homes.

In such days, I nostalgically find myself thinking about two friends, a Belgian and an Italian, my roommates when I lived in the United States. We were like sisters and used to cook together. Benedicte, the Belgian, and Ilaria, the Italian, loved breakfasts and, in such days, we would indulge ourselves. Benedicte would appear with delicious Belgian chocolates that some relative has smuggled to our place. Ilaria would always bring unforgettable Panettones – with no doubt, if you go to Italy, you must eat Panettone. But, I do not want to see anybody starving or wishing, so I leave here the recipe of waffles, which are very easy to make and it is always possible to put something on the top to make them even more delicious.

Waffles

4 servings (20 cm of diameter)
1 cup + 2 tablespoons of wheat flour ♡ 3 tablespoons of sugar ♡ 1 cup of milk ♡ 2 eggs (yolks and whites separated) ♡ ½ cup of melted butter ♡ 1 teaspoon of vanilla extract

Directions:

1. Mix the sugar and the flour. Add a bit of milk and mix well.

2. Add the yolks with the rest of the milk until you obtain a creamy mixture.

3. Put the mixtures together and add the melted butter.

4. Beat the egg whites until they are fluffy, gradually adding them to the mixture. Add the vanilla.

5. Use a jar to spread the dough on an electric grill and let them bake for 5 minutes or until they become golden. Remove the waffles with care.

-- ♡ --

Memories from Old Rio...

In Rio, there used to be a few famous tea houses where we could have good waffles: Cirandinha, in Copacabana, which has been there for more than 50 years, is one of the oldest in town. Confeitaria Colombo, which still exists in Downtown Rio, but the traditional store in Copacabana closed some decades ago. Another store opened in Copacabana Fortress. There was also Chaika, in Ipanema, which operated from 1962 to 2012, when, unfortunately, it closed. Also in Ipanema, Chaplin, famous in the seventies, also had a wonderful waffle. Remembering of these tea houses is the same as remembering of the great old movie theatres of Copacabana and Ipanema, which were in the streets, not inside malls.

‹ Savoring Rio ›

‹ The Carioca woman at home

When I was a little girl, I used to watch a TV show called "Cooking with Art". I cannot remember the channel. Once, I tried to convince Neide, who have worked for years in our house, to watch the show with me. That day, lovely Neide whose mood was specially bad, said: "Cooking with art is always cooking in a clean kitchen". I was 8 and did not have the exact dimension of the importance of this statement, which is true not only for those who cook, but for everything else in life. This should not be an obsession, but organization and cleanliness are essential for the health of our body and soul. As a good Carioca, when the day is rainy and I do not know what to do, I start to take care of what is left to be done at home. When I am upset, I start from the closets, drawers, and I make everything around me beautiful and scented, so that it somehow comes within me.

Every morning, Neide would turn the radio on and listen to a samba show. Later, we would go to my room in order to organize it, only then life could begin.

I do wish my daughters to understand how discipline and organization can turn them into women far more prepared to modern life, can make them more elegant persons who are less vulnerable to confusion, sloth and even to lose things. I mean habits such as to plan the week, separate trash, donate things you do not use anymore, discard the old, broken or destroyed things, fix, recycle, build, clean, give it back what was borrowed, plant, organize and cook. There is nothing better than receiving flowers thanking for a dinner or a visit when you are sick. Organization is required to be able to do all this. To cook to yourself and your family, and turn the dinner into a celebration, with family, friends (or even the habit of dining by yourself with a lovely glass of wine) should be in each one's DNA. Lately, people do no longer care for the fact that these things imply elegance.

Despite Rio is an outdoor city and, consequently, people host less than it is desirable, few women in the world are so natural hostesses as the Carioca women. She needs organization because there are only 24 hours in a day and she has a lot of things to do along the day, such as to work out, sunbathe and take care of herself.

The *voyeuse* inside me has always loved entering Carioca homes and snooping around. And as I spent a good deal of time at other people's homes, due to my work in the catering, it is wonderful to find harmonic and nice environments, with colors and smells. It is delightful to share the beauty that tells the story of each of my friends and customers, of the framed pictures and objects acquired in trips. Carioca women hate dirt, and Rio's air is fresh, making our homes cleaner and airier. This seaside city's typical divestment allows us to host friends wearing sandals, to spread cushions on the floor and to receive contributions such as appetizers and desserts from friends who cook, regardless the planned menu. Here everything is allowed, as long it is done in a clean, organized, charming and natural way.

This pear pie is perfect to take to a tea with friends, a visit to someone who is recovering or to make at home for the children to have with vanilla ice cream. In all these cases, this pie is evidence that, in kitchen, organization and cleanliness are essential.

Pear pie with cinnamon

1 baking pan of approximately 25 cm of diameter

❧ For the dough:
2 cups of wheat flour ❦ ¼ cup of butter ❦ 2 tablespoons of sugar ❦ 1 pitch of salt ❦ ¼ cup of cold water

❧ For the filling:
6 pears peeled and sliced (you can use apples instead) ❦ 1 cup of fresh heavy cream ❦ 3/4 cup of sugar ❦ 1/3 cup of wheat flour ❦ 1 coffee spoon of cinnamon ❦ 1 pitch of salt ❦ Nutmeg as desired

Directions for the dough:

1. Clean the counter and organize the ingredients in small bowls. Assemble the ingredients in a large bowl and mix them with the hands until they form a single dough.

2. Add the water slowly, mixing well, until homogeneous dough is reached. Spread the dough in a circle pan with removable boarder (of approximately 25 cm), but leave a reasonable piece reserved to obtain approximately 8 bands to put above the filling from one edge of the baking pan to the other.

3. Take to the oven for 5 to 6 minutes or until it has become golden. Remove from the oven and set aside.

Directions for the filling:

1. Preheat the oven at a high temperature.

2. Arrange the slices of pear over the dough in the baking pan.

3. In a blender, mix the heavy cream with the sugar, the flour, the cinnamon and add a pinch of salt and the nutmeg freshly grated.

4. Spill the mix over the layers of pears and cut dough into approximately 8 bands, to cover the pan, forming a hash.

5. Take the pie to the oven for approximately 30 minutes or until it becomes golden.

Tip:

The pie may be served hot with vanilla ice cream.

❝ ♡ ♡

Memories from Old Rio...

I remember a thin gentleman behind a counter of a store at General Urquiza street. He had come from Germany in 1939 and his name was Kurt Deichmann. He opened his store in Leblon in 1942 and, during his lifetime, he turned it into a bakery where you could only buy sweets and water, not to ruin the taste. And from there comes my memory that a dessert, to be delicious, is not required to be very sweet. I imagine that this recipe of pear pie is daughter of Kurt's streuser and strudel, which remind me of the Christmases of my childhood...

‹ freedom, lightness and serenity ›

‹ freedom, lightness and serenity

I understand... You called to schedule an appointment to undergo examinations and the closer date is within 6 months. This is the average wait. Your phone carrier sent you a bill with a substantial improper billing and you waited for 2 hours in line listening to that pleasant "Madam, one more minute, please, we are processing your complaint". You wanted to park your car near the beach and the idle, with a wicked face and a strong Carioca accent, said that "buds are charging 10 reais in the area". You swore as bad as you could and left feeling that you had behaved like a crazy woman who quarrels in the bakery. This is you having trouble with the distortion of the reality of a touristic paradise. Sometimes it is necessary to get out of this city to make peace with it again. In doubt, make yourself beautiful and perfumed. Take your best things and put them in a suitcase that is easy to carry, because you need to travel. World is split into two kinds of person: those who go and those who stay. There you go. The excess in your luggage makes you imagine that, if the weather cooperates, with luck, you will be able to use a third of what you are carrying. But no! You will have the time you would waste making more 3 or 4 suitcases, with clothes for other bodies, you will have the time you will not be waiting the children to go to the toilet. You will have time to stop by the newsstand and look each one of the magazines, with no one hurrying you. You will sit at that counter and let the saleswoman try any up on you; you will walk, walk and walk aimless and with no appointment with no one. However, if life is so hard that does not let you go, stay, but stay as if you were going away. On a Thursday morning, turn off your cell phone, wear comfortable tennis shoes, leave the car at home and take the subway. Get out in Carioca station and, from there, go to Santa Teresa, but not before buying some magazines. When you arrive, sit in any of those restaurants, order a white wine, a beer or a *caipirinha*, according to the weather. Do not exaggerate, the day will be long. When you had read all the magazines and relaxed, walk down to Gloria and have lunch – by yourself – at Casa da Suíça. It will be interesting to look the life of a Thursday from outside and play guess with the world of the others. Then you may – and should – walk to the movie theatres at Voluntários da Pátria Street, and, because you are not in Europe, allow yourself to watch an European movie. If you leave the movie theatre inspired, and I bet you will, get into Livraria da Travessa, right there, and allow to choose a few gifts for yourself. When you walk back home, remember we cannot avoid the unpleasantness, but we can give to our lives touches of freedom, lightness and serenity, we wish it to have.

Following, I present my interpretation of two dishes of Casa da Suíça.

Potato rösti

4 servings
800 g or 6 medium potatoes (Asterix, with rose-colored skin) ♡ Salt and pepper as desired ♡ 30 g of bacon, chopped in small cubes ♡ 100 g of butter ♡ 100 g of grated provolone

Directions:

1. Put the potatoes with skin in a pot and cover them with water. Cook for approximately 10 minutes as from the moment the water boils. The potatoes will still be a bit raw.

2. Place them in a colander under cold water and peel the potatoes. Use the gross part of the grater to grate them.

3. Sprinkle salt and pepper and mix with the grated potatoes in a bowl.

4. Use a small frying pan. Add a little bit of butter in the frying pan and fry the bacon. After that, mix it with the grated potato in the bowl.

5. Put butter in a large frying pan and spread a little bit of the potato. Melt the butter on the sides of the frying pan so that the potatoes get golden.

6. Put a little bit of the grated provolone in the center of the potato mix and cover with another layer of potatoes. Using a spatula, press the potato so that it forms a compact roll. When it gets golden and firm in the bottom, turn it over and add butter again on the boarders until the bottom gets golden.

< Savoring Rio >

Chocolate mousse with orange
(Excuse me to introduce the orange as ingredient.)

1 serving (a medium bowl or 10 individual bowls)
Zest of 2 oranges (disregard the white part which is bitter) ♥ 200 g of unsweetened chocolate ♥ 2 tablespoons of coffee, net, already perked ♥ 40 g of butter ♥ 2 tablespoons of sugar ♥ 6 eggs (yolks and whites separated)

Directions:

1. Squeeze the orange zest with the back of a spoon. Save a little bit of zest to decorate at the end.

2. In a stainless steel bowl, put the chocolate, the coffee, the orange zest and mix. Use a frying pan or wok to melt the chocolate with the content of the bowl in bain-marie, mixing until it melts completely. Add the butter, mix and set aside.

3. Beat the yolks with the sugar until you obtain a paler color. Set aside for a few moments.

4. Beat the egg whites until firm. Set aside.

5. Add the mix of yolk and sugar to the chocolate after it has cooled. Mix well and add delicately the egg whites, using a fouet to mix, until it is homogeneous.

6. Distribute the mousse in bowls, garnish with a little piece of zest covered with sugar and take them to the refrigerator. Let them rest for 4 hours before serving.

‹ One day I will be old like this ›

‹ One day I will be old like this

May this day be blessed, because today I opened the windows and the light was so beautiful that I decided to do everything differently. I used the left hand, people say it is good in order to avoid senility. I do not forget the recent past, just the remote pains, but those I have already forgiven. Each day, I have fewer enemies, and I do not wish them bad. My husband always says that I will be one of those old ladies who talk to themselves and walk gesticulating by the sidewalk, quarreling with someone invisible. In fact, maybe he already sees me that way, but in an imaginary environment, I can laugh of the offenses to him: "You smoked in the bathroom! You didn't pay the bill I asked you to!" But what I really wanted to be is one of those old ladies who work out and, every morning, walk by the beach, sunbathing, or by the bike lane of Copacabana beach, singing, smiling and greeting their friends. And why not, those beauties who does not dye their hairs, on their shoulders, and take a look when a good-looking sir crosses their way? I want to be a kind of old woman who buys gifts and gives fat tips to her manicures, aware that time is in a hurry and that she has enough money. I like old ladies wearing sneakers and backpack. If I am not asking too much, I would like to be those ladies who pick their grandchildren in school, teach French songs to them, make expeditions at the playground with magnifying glasses and wellington boots, bake cakes and swap stickers. Until then, I want to know a lot about lot of things, but God allows me and helps me to shut my mouth and never boast my knowledge that would enable me to give my opinion on the others' lives. I want to keep on having my beer in Baixo Gávea, just as the little lady wearing jeans to whom I heard Chico ask: "Would you like a '*galeto ao Braseiro*' and a beer, Ms. Suzana?" The most important thing is that my friends are spared from eventual accidents that untimely take them in order that I am an old lady with 1 million friends, whose cell phone is always ringing, of whom the employees do not complain, who is always meeting new buddies. Even if I am not so *avant-garde*, that at least the books save me so that I never need a TV at home. That my daughters and grandchildren, that I want to have many, say the most filthy things and make barbarities, all of them before my eyes. And if I cannot stand my husband anymore and go out talking to myself and gesticulating, as if I was criticizing him… oh, my God… in this case, please… I beg: in this case… give me a good lover! Amen.

Braseiro da Gávea is the backyard of Cariocas *of* Zona Sul. *It is delightful to sit in that balcony and eat one of the few options available. A good appetizer to make at home is the Minas Gerais cheese* pastel, *to which I always order to add onion.*

Minas Gerais cheese *pastel* with fresh oregano and purple onion

8 servings
300 g of Minas Gerais cheese chopped in cubes of 0.7 cm ❧ ¼ of a purple onion, chopped in cubes of 0.5 cm ❧ 1 branch of fresh oregano ❧ 400 g of *pastel* dough (disks of approximately 7 cm of diameter) ❧ Wheat flour to sprinkle ❧ Oil to fry

Directions:

1. Mix the cheese, the onion and the oregano in a large bowl. Adjust the salt if necessary.

2. With the plastic, place each slice of dough on a surface with flour sprinkled. Place a spoon of the filling in the center of each round slice, close the dough, pressing with a fork along all the open extension.

3. Place a frying pan on the fire and, when the oil is very hot, fry each three *pastéis* at a time, turning both sides.

4. Allow the excess of grease to be absorbed by placing the *pastéis*, after fried, on a baking sheet covered with kitchen rowel.

‹ Savoring Rio ›

‹ Going up to Santa Teresa

– Hello.
– Hi. What's up?
– Let's go?
– Where? I have a lot of things to do.
– Hey, I'm fed up. Can't wait to get out of here.
– No way. I have thousands of things to finish.
– But today is Friday. Remember we said we'd leave and not come back?
– Right, go on shouting through this air-conditioning hole... [*At this time, there was no e-mail, no Facebook, no WhatsApp, just telephone, less efficient and secretive than the air-conditioning hole.*] Speak out loud that we are leaving now, before noon, and won't come back, just Monday! My evaluation will be the best!
– OK, I'll go the toilet and then we go.
– I don't work just for you, ok? At least, wait while I finish what I'm doing and send a fax. [*Obsolete machine that sent copy of documents.*]
– Ok. But don't take long that I saw he was in the filing room. [*Room in the offices where it used to – not anymore – file the documents.*] If you take too long, he'll come back, call me and then… Our plans will be over.

(2 minutes later)

– Gee, do you believe he left one more thing on my table to send now?
– Oh, you're kidding me!
– Of course not, but it's quick. I'll do it and he'll leave me alone.
– Ok, we can do the following: I'll go first, wait for you in the corner of Gonçalves Dias Street. It's better. If he sees we are leaving together, he'll piss me off. There, we take a cab.
– Deal.

(20 minutes later)

– What happened, did you have to plant the tree to make a paper and send a fax?
– Of course not! I stepped by Casa Cavé to buy two *pastéis de nata*. Where are we going?
– Don't know! Take this cab! How much sweet women can eat!

(in the cab)

– Good afternoon, sir!
– Good afternoon!
– Let's go to Santa Teresa, please. Almirante Alexandrino Street. Bar do Arnaudo.

These were the hours that flew... We spent that whole Friday afternoon chatting, speaking ill of people and drinking the coolest beer on earth. No cell phone rang, simply because there was no cell phone at that time. Today, I do not have a boss anymore and I do not need to escape from work with a crazy guy who was always hurrying me up. But, if I could come back in time, I would like to live one of that afternoons escaping, up there, in Santa Teresa.

Baião-de-dois

6 servings

‹ For the beans:
2 cups of red beans ♥ 8 cups of water ♥ 2 bay leaves ♥ 5 garlic cloves smashed or finely chopped ♥ 3 tablespoons of olive oil ♥ Salt as desired

‹ For the rice:
1 garlic clove, smashed ♥ 1 tablespoon of olive oil ♥ 1 ½ cup of rice ♥ 3 cups of water

‹ To finish:
240 g of thin smoked sausage ♥ 2 tablespoons of olive oil ♥ 200 g of *coalho* cheese chopped in cubes of 1 cm ♥ 1 bunch of cilantro (only the leaves, chopped)

Directions for the *baião*:

1. In a pressure cooker, cook the beans with the bay leaves for approximately 30 minutes. Golden the garlic cloves with 3 tablespoons of olive oil. Mix the beans with the garlic, season with salt and finalize the beans' cooking so as to obtain more texture in the sauce. Set aside.

2. In a medium pot, let the smashed garlic clove golden with 1 tablespoon of olive oil. Add the rice, let it cook for approximately 2 minutes and cover the rice with water. Put a top on the pan, let the rice cook for approximately 12 minutes and turn off the fire when the rice is cooked. Set aside.

3. Slice the sausage and fry it in a frying pan with 2 tablespoons of olive oil. Set aside.

4. Take the beans to broil in a larger pot and add the rice, mixing them. Add the sausage and the *coalho* cheese chopped in small pieces, always mixing in order that cheese melts. Finally, add the cilantro and mix.

5. Mix and put the very hot content in a serving plate. The recipes of *baião-de-dois* are usually with dried beef meat, but I have always preferred only with smoked sausage.

‹ Women's house ›

When your dad heard the news that the second of you would also be a girl, he said that someone would have to play videogame with him. I was still in disbelief, going down the escalator of the doctor's office in Botafogo, with my hands over my belly and thinking that now my greatest challenge would be finding a name, because Antonio, in this life, would not be born out of that belly. Immediately, my mind started to work for my benefit and reasons for me to become fascinated with the idea that there would only be women at my home overflew from my head. I clicked in an imaginary pink app and saw myself within a true dollhouse, with beautiful bedrooms, you two wearing aprons, baking cakes with me, assembling by yourselves Christmas trees every year. No big and clumsy boy toy, no mess. I gave a lot of thought, but the more I might have thought, I would never be able to preview what was about to come.

My dreamy Cancer girl, pure and fighter, one day said that she would live at my place forever, even after she gets married. With that unwavering determination? I doubt. My Aquarian girl, who is never at home, is always curling up with the dog and observing all around her with those eyes of a refined art lover, made no promises. What for? The golden hair always within my hands reach, wherever I go, makes a promise unnecessary. Even upon the problems of the least fortunate days, you two taught me to teach you, making me remember of you. That was the way the life in this women's house started to require that I focused less on me and more on you, so that, focusing on the right thing, I could finally become a better person. Putting irrelevancies aside, I settled some scores with myself, admitting mistakes and seeking a kinder look, always nourishing the example, the best example. And on a certain day, when you should be at school, but for some reason were with me, at home, I realized the unexpected. Looking at you, I – who had never been those classic maternal figures, whose world turns around the children, and that still had a quite bohemian and busy work life – realized that you two had rooted the feet of your existence in our home's ground and had, simply and naturally, led me to what I had become: a mom. Thus, I use these lines, and the respective lines in between, if you want to read them, to say out loud that was easy and painless. You are light, colorful, smart. Female souls that make me younger, that fill this house of joy. I dare say that it was almost unconscious, involuntary. I went on feeling this love without preventing me from doing anything. I wanted you to have a happy mom and that, based on what you saw, were able to choose a good maturity to you as well. I wanted you to see me vibrate for good or bad, and that you always decided against the wishy-washy, the submissive, the indifferent and the ordinary. I wanted you to be brave enough to drop everything, to move out many times, to live among friends and laughs with the house full and the table set. I did that, unaware, I think, seduced by the sweetness of what we had, of what you asked me, of the spell within each look towards me. And if you became these little women of whom I am already so proud, all I can ask for is to have time in the future to enjoy with you around. With you, I would live anywhere of this world and would walk miles, if I needed, to find a chocolate cake, a *churros* cart or a box of Eski-bon® ice cream. Nowadays, the women's house is in Gávea. So, let's make deal and promise that this home will be like this wherever it is, and that, even if it is split into two or three homes, we will keep this home inside us, even as a memory of what it used to be, with our Christmas' eves, with our dog, with our cakes, with my flowers, with dad's songs, with friends at home, with all the images, with all the bases and with all the roots.

Chocolate cake

1 baking pan of 25 cm of diameter
3 eggs (yolks and whites separated) ❦ 1 cup of sugar ❦ 1 cup of powder chocolate ❦ 3 tablespoons of melted butter ❦ 2 cups of wheat flour ❦ 1 coffee spoon of sodium bicarbonate ❦ 1 tablespoon of baking powder ❦ 1 cup of boiling water ❦ 120 g of semisweet chocolate (for the frosting) ❦ 40 g of butter (for the frosting)

Directions:

1. Preheat the oven to moderate. Grease with butter and sift with flour a 25 cm baking pan.

2. Beat the yolks with the sugar.

3. Add the powder chocolate, mix the melted butter, the flour and the bicarbonate. Set aside.

4. In a bowl, beat the egg whites until fluffy and add the baking powder.

5. Mix everything, add the boiling water and mix until it is homogeneous. Put the mix in the greased baking pan and bake it for approximately 40 minutes in moderate oven.

6. Melt the chocolate for the frosting in bain-marie and add butter, mixing until it is completely melted. Cover the cake with the frosting.

‹ Savoring Rio ›

‹ At last, wings

One day, while sitting in one of the outdoors table of Celeiro, a classic salad restaurant in Rio de Janeiro that is led, since 1982, by heroines who I sincerely admire, I started to pay attention to the movement in Leblon during a weekday afternoon. Terribly frustrated for not being part of any of those tribes of the passers, I started to imagine a new life, which allowed me to be there, in an afternoon. I looked down to my colorful dish and started to decompose each one of the salads in that plate. As if I was making mental lists, I imagined the ingredients coming out from the dish and I started to have fun with that. That was when I realized I was before one thing that I really liked doing and that I could make a living of something that allowed me to be walking in the streets in a given afternoon just as all those people that were walking in Leblon. Since then, a lot of things, which I will tell you one day, happened. But now, what I want to say is the following: never let anyone say who you are. Never let anyone say who you can be, what you can reach or where you can get. The only one person who can decide this is the one holding this book, eager to produce the new things that simmer within your mind. I assume these are not insuperable feats, and maybe exactly for this reason you do not let them take shape. Maybe. But if you do not make these things, someone else will. Better or worse, someone will run over you and you will feel injured by the person who produced what you should have done. As it has already been said about other arts, there are endless inspiration blows hovering in the air and who breathes takes them over. Who consistently breathes and makes it possible to ooze inspiration by the pores prints a victory signature that no one can steal. Within these pots lies my world. And within them there was no space for the warnings of those conservative people that do not risk. I did not absorb my own cowardliness to consider that what I wanted to do already existed. I used my strongest weapon, the discipline, and conducted everything with the singular will of someone who does not leave things for the others to do. I observed with the hunger of someone who wished to crave the subjects of my delight. I admired, chased, cut myself, bled. I let that a bit of me poured into this dream, slowly, calmly, but tirelessly fierce, and harassed myself just to accept what was appropriate and genuine for me. I burst the blisters and ignored the scars that might have been sewn in the imperfections of this dream. And I am around, with no big fracture, open-hearted. I am ready to shatter each one of my castles and build them up again. I keep on believing, still pure but certainly less innocent. In a relative straight motion, I try to avoid the distraction of the curves that seem to deceive me for the easy tracks. I am eager to share with my daughters everything I have learnt, and I am also eager to hug the robustness of each good thing life still wants to offer me.

Baby eggplant salad
(This is my tribute to Celeiro's delicious eggplant salad.)

10 servings
6 baby eggplants ♥ Salt as desired ♥ ½ red pepper, chopped in cubes ♥ ½ yellow pepper, chopped in cubes ♥ 5 whole garlic cloves ♥ ½ onion, chopped in cubes ♥ 200 ml of extra-virgin olive oil ♥ 100 ml of white vinegar

Directions:

1. Wash the baby eggplants and remove the crowns. Cut them in pieces.

2. Take them to the oven with salt for approximately 20 minutes or until they are fully baked.

3. Place them in a salad platter with the red and yellow peppers, the garlic cloves and the onion. Add the olive oil and the vinegar. Cover with a top or plastic for 24 hours in the fridge. Remove the garlic cloves before serving.

Recipes index

B
Baby eggplant salad — 308

Baião-de-dois — 306

C
Cauliflower soup — 270

Cavaquinha carpaccio with mango and chili vinaigrette — 268

Chef chicken — 294

Chocolate cake — 307

Chocolate mousse with orange — 304

Compote of star fruits with apricots — 284

Creamy cocada — 293

Crème brûlée flavored with home bananas — 275

Curry shrimp with apples and almonds — 269

E
Elegant Sunday lasagna (with cheese and spinach) — 286

Ementhal cheese and fresh asparagus soufflé — 271

Empada of shrimp with heart of palm cream — 292

Escondidinho of oxtail, parsnip and watercress — 276

F
Filet mignon steaks with gorgonzola sauce and rustic potatoes — 271

G
Greens salad with chicken liver pâté with pink pepper — 277

Grilled coalho cheese with purple olive pesto — 267

I
Insalata Nuova Caprese — 273

L
Leek and mustard mousse — 279

Le Relais' Oswaldo Aranha steak — 296

M
Manioc cake with almonds — 295

< Savoring Rio >

Minas Gerais cheese pastel with fresh oregano and purple onion -♡- 305

N

Namorado (fish) with velvety sauce of sage ad cherry preserve -♡- 274

P

Pear pie with cinnamon -♡- 301

Picadinho rolls -♡- 288

Potato rösti -♡- 303

Porcini mushroom crepes -♡- 290

Pot chest beef with white beans and baked tomatoes -♡- 282

Q

Quindim -♡- 297

R

Rabanada sandwich with cinnamon ice cream and berries -♡- 278

Rustic terrine of rabbit with mustard and herbs -♡- 266

S

Seafood pan -♡- 287

Shiitake moqueca -♡- 280

W

Waffles -♡- 298

A Editora Senac Rio de Janeiro publica livros nas áreas de Beleza e Estética, Ciências Humanas, Comunicação e Artes, Desenvolvimento Social, Design e Arquitetura, Educação, Gastronomia e Enologia, Gestão e Negócios, Informática, Meio Ambiente, Moda, Saúde, Turismo e Hotelaria.

Visite o site **www.rj.senac.br/editora**, escolha os títulos de sua preferência e boa leitura.

Fique atento aos nossos próximos lançamentos!

À venda nas melhores livrarias do país.

Editora Senac Rio de Janeiro

Tel.: (21) 2545-4927 (Comercial)

comercial.editora@rj.senac.br

Disque-Senac: (21) 4002-2002

Este livro foi composto nas tipografias Typewriter Scribbled, Helvetica Condensed e Always Forever, por Renata Vidal, e impresso pela Coan Indústria Gráfica Ltda., em papel *couché matte*, 150g/m², para a Editora Senac Rio de Janeiro, em março de 2016.

Editora Senac Rio de Janeiro publishes books in the following areas: Beauty and Aesthetics, Human Sciences, Communication and Arts, Social Development, Design and Architecture, Education, Gastronomy and Enology, Management and Business, Computer Science, Environment, Fashion, Health, Tourism and Hotel Management.

*Visit our website at **www.rj.senac.br/editora**, where you can choose the titles that best suit you and have a nice reading.*

Stay tuned to our next releases!

Available in the best bookstores in Brazil.

Editora Senac Rio de Janeiro

Phone: 55 (21) 2545-4927 (Commercial)

comercial.editora@rj.senac.br

Disque-Senac: 55 (21) 4002-2002

The typefaces in this book are Typewriter Scribbled, Helvetica Condensed e Always Forever. This book was designed by Renata Vidal, and printed by Coan Indústria Gráfica Ltda., in couché matte, 150g/m², for Editora Senac Rio de Janeiro, in March, 2016.